어린이 지식 e

어린이 지식 ●─❼ 창의적 도전

초판 1쇄 발행 2015년 1월 15일
개정 1쇄 발행 2015년 8월 20일

지은이 | EBS지식채널ⓔ 제작팀

발행처 | 이비에스미디어(주)
발행인 | 김재근
기획 | EBS ⓔ MEDIA 장명선 · DKJS 성준명
글 | 박수경   **그림** | 김잔디   **편집** | 에듀웰

판매처 | ㈜DKJS
출판등록 | 2009년 11월 18일 (제2009-000323호)
주소 | 서울특별시 강남구 강남대로 84길 23, 1408-2호
문의 전화 | (02)552-3243   **팩스** | (02)6000-9376
이메일 | plus@dkjs.com

ISBN 979-11-86082-39-3 (64300)
ISBN 979-11-86082-43-0 (세트)

생각하는 힘을 키워 주는 감.성.지.식.창.고.

어린이 지식 **7**

EBS 지식채널ⓔ 제작팀

지식플러스

생각하는 지식ⓔ로,
다르게 보고 생각하며 상상력을 키워요

　지혜로운 사람이란 어떤 사람일까요? 어떤 문제든지 답을 알고 있는 사람일까요? 아니면 반대로 문제를 만들어 내는 사람일까요? 세상에는 답이 있는 문제가 많지만 정해진 답이 없는 문제도 많아요. 시대와 상황에 따라서 정답이 달라지는 문제도 있고, 사람에 따라 정답이 달라지는 문제도 있지요.

　하지만 확실한 건 우리가 앞으로 살아갈 세상은 정해진 답을 따라가기보다 새로운 답을 찾거나 만들어 가는 세상이라는 거예요. 때문에 우리에게는 '세상을 보는 새로운 눈'이 필요해요. 정해진 답을 많이 아는 것보다 상황에 구속되지 않는 열린 사고로 생각하는 힘을 길러야 해요. 우리가 당연하다고 생각했던 것에 '왜?', '어떻게?'라는 질문을 던질 수 있으니까요. 열린 생각으로 새로운 답을 만날 수 있도록 도와주는 성찰적인 지식이 더욱 필요한 거지요.

　EBS 〈지식채널ⓔ〉는 5분 분량의 영상을 통해 성찰적 지식을 제공하는 정보 프로그램이에요. 처음에는 성인들을 대상으로 제작되었지만 프로그램에 대한 관심은 나이를 가리지 않고 생겨났어요. 고정 관념에 구속되지 않는 열린 사고력을 길러 주고 싶은 부모들을 통해서, 교사들을 통해서 많은 어린이가 〈지식채널ⓔ〉를 만나고 있지요. 실제로 많은 초등학교에서 〈지식채널ⓔ〉를 수업 자료로 활용하고 있어요. 이를 위한 초등 교사들의 연구 모임이 따로 있을 정도라고 하네요.

하지만 안타까운 점도 있어요. 어린이들의 입장에서는 〈지식채널ⓔ〉를 접할 때 배경 지식이나 정보가 부족한 경우가 많아요. 아무리 좋은 내용이라도 이해하기에 어려움이 있다면 제대로 익힐 수 없겠죠. 때문에 〈지식채널ⓔ〉 제작 팀과 여러 전문가가 머리를 맞댔어요. 어린이들이 〈지식채널ⓔ〉를 쉽게 이해할 수 있도록 하기 위해서 쉬운 글과 관련 정보를 재미있게 보여 주는 〈어린이 지식ⓔ〉가 만들어졌어요. 방송에서 보여 준 내용을 어린이들의 눈높이에 맞춰 흥미롭게 재구성한 책이에요.

〈어린이 지식ⓔ-창의적 도전〉에는 새로운 것을 창조하여 세상을 놀라게 한 위대한 예술가의 상상력과 새로운 발상을 소개하고 있어요. 세상을 변화시키는 것은 콜럼버스의 신대륙 발견이나 알렉산더 대왕의 정복 전쟁, 에디슨의 과학 발명품만이 아니에요. 사람들의 생각을 일깨워 주고, 바꿔 주고, 다르게 생각하도록 영감을 주는 예술 작품들도 큰 몫을 하고 있어요. 어쩌면 상상력이 세상을 바꾸는 데 가장 큰 역할을 했을지도 몰라요.

여러분은 〈창의적 도전〉에서 '사물을 어떻게 바라보고, 어떤 방식으로 생각할 것인가?'라는 의문을 계속 만나게 될 거예요. 그리고 발상의 전환으로 새것을 창조한 사람들의 삶을 통해서 그에 대한 해답을 얻을 수 있을 거예요. 친구들도 세상을 있는 그대로만 보지 말고, 상상력을 가지고 다르게 생각하고, 다르게 보고, 다르게 표현하는 습관을 가져 보길 바라요. 그러다 보면, 언젠가 친구들의 상상력이 세상을 변화시킬지도 모른답니다.

목차

새로운 발상,
창조의 시작

거꾸로
생각해 보다

1 무엇을 그린 걸까?
⟨이중 그림⟩

★ 꽃과 열매, 곡식으로 그린 초상화

가까이에서 보면 분명 옥수수인데 멀리서 보면 귀가 되고,
자세히 보면 복숭아지만 설핏 보면 뺨이 되는 이중 그림.
멀리서 보고, 뒤집어 보면 새롭게 나타나는 형체들…….
이중 그림을 통해 사물을 보는 다양한 방법에 대해 알아보자.

이것은
무엇을 그린 그림일까?

수줍은 백합
탐스러운 모란
붉은 장미

꽃을 그린 그림일까?

여문 옥수수
새콤한 버찌
농익은 복숭아

★
★★
농익은 : 과실 등이
흐무러지도록 푹 익은

곡식과 과일을 그린 그림일까?

 왼쪽의 그림은 무엇을 그리고 있는 것일까요?

완성된 그림이 공개되자
사람들은 모두 놀라 입을 다물지 못했다.

왜?

세상의 온갖 과일과 꽃, 곡식을 옮긴 듯한
화려하고 세밀한 정물화로 보이던
한 점의 그림은

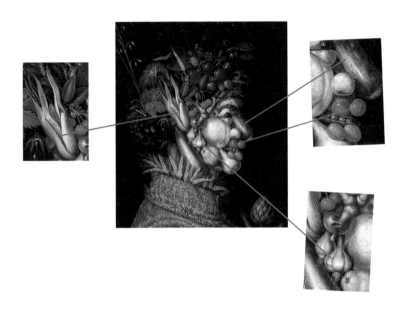

조금 떨어져
그림 전체를 보니

오이 코
버찌 입술
완두콩 치아
마늘 구레나룻
옥수수 귀

이중 그림 : 여러 물체를 한데 섞어서
새로운 물체로도 보이게 하는 그림.
보는 이에 따라 그림이 바뀌어 보이기
때문에 이중 그림이라고 한다.

사물을 그린 정물화가 아닌
사람의 얼굴을 그린 초상화였다.
바로 이중 그림.

봄, 여름, 가을, 겨울
계절에 따라
소년에서 노인으로 바뀌는 얼굴

사람들의 반응은?
"망측하기 그지없군!"

이 괴상한 그림이 걸려 있던 곳은
16세기 프라하 궁정 황제의 침실

그림마다 등장하는
한 명의 모델은 바로 황제

이 이중 그림은
황제의 초상화였다!

황제는
우스꽝스러운 자신의 얼굴을 보고
아이처럼 좋아했다.

프라하 : 현재 체코의 수도.
16세기에는 신성 로마 제국의 수도였음.

이 괴상한 그림을 그린 사람은
프라하 궁정 화가 주세페 아르침볼도.

황제는 초상화를 보고 왜 좋아했을까?

농경 시대였던 당시,
황제가 갖추어야 할 덕목은
풍요로운 생산을 이끌어 내는 것이었다.

황제의 초상화는
황제의 바른 통치 덕분에
아름다운 꽃이 피고
과일과 곡식이 풍성하다는 것을
백성들에게 알리는
일종의 궁정 홍보물이었다.

주세페 아르침볼도(?1527~1593) :
이탈리아의 화가. 1562년 프라하로
가서 궁정 화가로 활약했다.

과일과 곡식

그리고 꽃과 나뭇가지가

얼굴이나 사람이 된

아르침볼도의 이중 그림.

멀리서 보고 가까이서 보고,

바르게 보고 뒤집어 보면

같은 그림에서 다른 모습이 발견된다.

눈에 비친 세상 만물의

겉모양과 내면이 다를 수 있다.

아르침볼도의 초상화를 보고 나면

사물을 보는 방식에 변화가 생긴다.

_(이명옥, 사비나미술관 관장, 국민대학교 미술학부 겸임교수)

주세페 아르침볼도

주세페 아르침볼도(Giuseppe Arcimboldo, ?1527~1593)는 이탈리아 밀라노의 예술가 집안에서 태어났어요. 그의 아버지는 유명한 화가였지요. 어려서부터 아버지를 도우면서 미술을 공부한 아르침볼도는 일찍부터 사람들의 입에 오르내릴 정도로 뛰어난 재능을 가지고 있었어요.

주세페 아르침볼도는 1562년 35세에 페르디난트 1세의 부름을 받고 프라하의 왕궁으로 들어가게 돼요. 오랫동안 프라하에서 지내면서 페르디난트 1세, 막시밀리안 2세, 루돌프 2세 등 세 왕을 섬기며 궁정 화가로 일했지요. 그는 궁정 화가로 왕족의 초상화나 궁정에 관련된 그림을 그렸을 뿐만 아니라 엔지니어로 궁정 극장의 무대 배경을 그리기도 했어요.

아르침볼도는 자신이 그렸던 여러 대상에 대해 과학자 못지않은 해박한 지식을 가지고 있었어요. 마치 건축, 과학, 해부학 등 여러 방면에 박식했던 밀라노의 궁정 화가 레오나르도 다빈치 같았지요. 아르침볼도는 왕들이 유럽 각지를 돌며 수집한 희귀한 동식물의 일부분만을 보고도 다양한 지식을 동원하여 백과사전처럼 섬세하게 그려 냈어요. 왕들은 이런 아르침볼도를 좋아했어요. 여러 방면에 해박한 지식과 능력, 새로운 것에 대한 호기심, 유쾌한 성격까지 갖춘 아르침볼도는 1592년에 백작 작위까지 받았답니다.

아르침볼도는 과일, 꽃, 동물, 사물 등을 이용해 사람의 얼굴을 표현하는 독특한 기법의 이중 그림으로 유명해요. 그중 가장 유명한 '봄', '여름', '가을', '겨울'은 황제 루돌프 2세를 그린 그림이에요.

이중 그림으로 고정 관념을 깨다

살다 보면 놀랄 만한 일들을 발견하기도 하고, 불가능하다고 생각했던 일들이 실제로 일어나기도 해요. 아마존 정글에는 뿌리가 위로 자라는 나무도 있고, 서서히 옆으로 움직이는 나무도 있대요. 나무의 뿌리는 아래로 자라고 나무는 절대로 움직이지 않는다는 상식을 깨는 거지요. 이런 고정 관념을 깨는 일은 자연 현상 외에도 많은 곳에서 나타나요.

널리 알려져 있는 콜럼버스의 달걀은 어떤가요? 콜럼버스는 신대륙을 발견한 자기의 업적을 별것 아닌 것처럼 취급하는 사람들에게 달걀을 세워 보라고 했어요. 사람들이 방법을 몰라 당황해 할 때 콜럼버스는 달걀의 한쪽 끝을 깨서 바로 세웠어요. 그러자 사람들은 "그런 식으로 한다면 누구라도 하겠네."라고 말했어요. 그때 콜럼버스는 "모양을 온전히 유지한 채 달걀을 세워야 한다는 고정 관념을 깨고 달걀을 세운 사람은 나뿐이오."라고 했지요. 누구도 생각해 내지 못한 일을 새로운 발상으로 자신만이 해냈음을 빗대어 말한 거예요.

화가 주세페 아르침볼도도 고정 관념을 깬 화가로 유명해요. '초상화는 실제 사람과 똑같이 세밀하게 그려야 한다.'라는 기존의 생각을 과감하게 깨고 기발한 그림을 그린 것이지요. 아르침볼도가 그런 시도를 할 수 있었던 것은 호기심 많은 군주 막시밀리안 2세 덕분이었어요. 막시밀리안 2세는 세계 여러 나라로부터 첨단 과학 기구와 희귀한 동식물의 표본 등을 수집해 궁궐에 보관했어요. 또한 자신의 궁전이 르네상스를 연 이탈리아와는 다른 새로운 예술의 중심이 되기를 원했지요. 모두 신성 로마 제국의 위세를 전 유럽에 과시하기 위한 것이었어요. 그런데 희귀한 물건들은 호기심 덩어리였던 아르침볼도를 자극하고 그에게 새로운 생각을 불러일으켰어요. 이런 분위기 속에서 아르침볼도는 새로운 시도를 시작하였고 막시밀리안 2세의 든든한 지원을 받았지요. 덕분에 창작 의욕을 불태워 자신의 기발한 생각을 아주 특별한 초상화로 실현시킬 수 있었답니다.

아르침볼도의 이중 그림, '봄'·'여름'·'가을'·'겨울'

아르침볼도는 기존에는 없던 아주 특별한 그림을 그려서 황제 루돌프 2세에게 선물했어요. 그림을 받아 든 황제는 궁정이 떠나갈 정도로 크게 웃었어요. 평소 근엄한 황제가 어린아이처럼 웃게 된 것은 '봄'·'여름'·'가을'·'겨울'의 사계절로 표현된 황제의 초상화 때문이었지요.

아르침볼도는 황제의 초상화에서 각각의 계절에 걸맞은 각종 식물을 활용해 유쾌한 황제의 이미지를 창조했어요. '봄'은 꽃, '여름'은 과일과 채소의 열매, '가을'은 포도와 곡식의 낟알, '겨울'은 잎사귀가 떨어진 나목 등을 활용했지요. 이 초상화에 황제는 크게 만족했어요. 세상을 새로운 눈으로 바라보고 유쾌하게 표현할 줄 아는 아르침볼도를 높이 평가했지요.

그런데 아르침볼도는 왜 이런 그림을 그렸을까요? 그는 열매와 꽃으로 황제의 얼굴을 그려 열매와 꽃이 상징하는 풍요와 번영이 바로 황제의 이미지가 되도록 한 거예요. 풍요와 번영이 황제가 나라를 잘 다스린 결과라는 사실을 간접적으로 표현해 널리 알린 것이지요. 즉, 이중 그림으로 황제의 덕을 홍보한 거예요. 신문이나 방송 같은 매체가 없던 당시 그림은 좋은 홍보 수단이었어요.

당시 대부분의 궁정 화가들은 황제를 신이나 영웅, 성자로 묘사했어요. 하지만 아르침볼도는 이런 고정 관념에 따르지 않았어요. 황제를 식물의 조합체로 표현한 그의 그림은 매우 파격적이었어요. 사람들은 그가 제정신이 아니라고까지 생각했는데 곧 그림 속 황제가 풍요를 상징한다는 것을 알아챘어요. 사람들의 고정 관념을 깬 아르침볼도의 작품은 이후 많은 사람으로부터 사랑을 받았고, 많은 예술가에게 새로운 영감을 불어넣어 주었답니다.

아르침볼도, 이중 그림으로 세상을 비판하다

아르침볼도는 이중 그림으로 세상을 비판하기도 했어요. 그의 그림 '장서가

(Libraria)'를 보면 많은 책을 가지고 있지만 전혀 읽지 않는 부유층에 대한 묘사가 나와요. 그림을 통해 책으로 자신을 과시하는 허영심 많은 귀족과 부유층을 비판하려 한 것이지요. 그리고 '장서가'를 살펴보면 머리카락은 책장을 펼친 모습으로, 손가락은 책갈피로 재미있고 재치 있게 표현했어요. 아르침볼도 특유의 발랄함이 넘치는 유머를 넣은 것이지요.

그의 다른 작품인 '변호사(The Jurist)'에는 털이 뽑힌 닭으로 묘사된 얼굴이 나와요. 교만하고 탐욕스러워 보이는 얼굴이지요. 아르침볼도는 당시 변호사들의 차가운 성격과 메마른 감성을 이렇게 풍자했어요. 때로는 유머를 담아 때로는 날카로운 비판 정신을 담아 이중 그림을 완성해 나간 거지요.

피카소와 뒤샹으로 이어진 그의 작품 세계

아르침볼도가 죽고 그의 이중 그림은 역사 속에 묻히는 듯했어요. 30년 전쟁 중 1648년 스웨덴 군에게 약탈당한 그의 그림은 사방으로 흩어졌어요. 유쾌한 화가 아르침볼도와 그의 독특한 상상력은 사람들의 기억에서 사라져 갔지요. 그러다 4세기가 지난 후 파블로 피카소(1881~1973)와 살바도르 달리(1904~1989), 마르셀 뒤샹(1887~1968)과 같은 화가들을 통해 다시 관심을 받게 되었어요.

살바도르 달리는 아르침볼도처럼 이중 그림을 그려 얼굴을 표현했어요. 살바도르 달리의 '매 웨스트의 얼굴'은 커튼과 가구가 있는 방을 그린 그림인데 떨어져서 보면 여자의 얼굴이 보여요. 파블로 피카소는 자전거 핸들과 안장을 조합한 그림에 '황소'라는 제목을 붙였고, 마르셀 뒤샹은 남자용 소변기에 '샘'이라는 제목을 붙였어요. 모두 아르침볼도처럼 새로운 시도를 통해 탄생한 작품이지요. 아르침볼도의 작품은 다르게 보고 새롭게 보고자 하는 작품들에 영감을 주었다고 할 수 있어요.

2. 이것도 음악일까?
〈4분 33초〉

★ 침묵 속에 연주되는 소음의 음악

지휘자도 연주자도 가만히 있는 침묵의 시간,
객석의 웅성거리는 소리들이 음악을 구성한다.
정말로 우리 주변의 소음이, 우리 주변의 모든 것이
다 음악이 될 수 있을까?

세상 곳곳에
음악이 흐른다.
리듬이 흐른다.

아름다운 멜로디
불규칙한 소리들

세상의 소음조차도
음악이 되어 흐른다.

소음도 음악이라고?

생각해
보기　웅성거리며 떠드는 소리도 음악이 될 수 있을까요?

23

돌고 달리고 탄생하고 사라지는
우주의 리듬

해가 뜨고 지고 계절이 변하는
지구의 리듬

몸을 흔들며 만들어 내는
인간의 리듬

밤새도록 울어 대는
개구리의 리듬

리듬 : 음의 길고 짧음,
즉 장단이나 강약이 반복되는
규칙적인 음의 흐름을 말함.

우주 만물에 리듬이 있다.

심장의 고동 소리를 닮은
둥둥둥 북소리

심장 가장 가까이에서 켜는
아름다운 첼로 소리

쿵쿵 쾅 지지직
도시 곳곳에서 나는
불협화음의 소음들

그리고
사람과 도시의 수많은 소리로
만들어진 한 음악.

1924년 뉴욕 브루클린

한 작곡가가 재빠르게 음표를 그려 나간다.

칸타빌레(cantabile)

노래하듯이

아지타토(agitato)

흥분해서 빠르게

돌로로소(doloroso)

슬프게

조지 거슈윈(1898~1937) :
미국의 작곡가. 대표작 '랩소디
인 블루', '파리의 미국인'

작곡가 조지 거슈윈이

오선지에 극적인 리듬으로 써 내려간

삶의 희로애락…….

랩소디 인 블루(Rhapsody in Blue) :
거슈윈이 작곡한 곡. 재즈와 클래식 음악의
결합을 실험한 새로운 형식의 음악

그 음악은
'랩소디 인 블루'.

이 음악에는 도시의 여러 소리가 들어 있다.

덜컹거리는 열차 소리,
공사장의 망치질 소리,
아이들이 떠드는 소리,
웃음소리,
울음소리…….

"우주 만물이 내는 모든 소리는
리듬을 가지고 있다.
소음조차 음악이 된다."
_조지 거슈윈)

그리고 여기 또 다른 음악이 있다.

미국의 어느 연주회장
박수갈채를 받으며 등장한 한 지휘자.

그런데
그는 지휘를 하지 않는다.
지휘가 없으니 연주도 없다.

아무런 몸짓도
아무런 소리도 없는
무대,
지휘자는
탁상시계와
깨끗한 악보만 보고 있다.

그러다
33초, 2분 40초 그리고 1분 20초를 지날 때
음표 하나 없는
깨끗한 악보만 넘긴다.

4분 33초가 지나자
갑자기
지휘자는 인사를 하고
관객은 박수를 보낸다.

이 곡은
존 케이지 작곡의
'4분 33초'.

그런데 이게 무슨 음악이지?

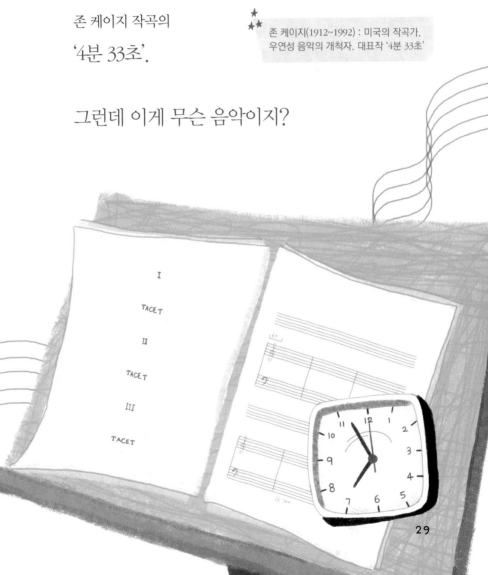

침묵의 음악 '4분 33초'

4분 33초 동안
연주자들은 침묵했다.
그러나
아무 소리도 없었던 것은 아니다.
바로
객석에서 나는 여러 가지 소리들.

기침 소리,
발을 움직이는 소리,
주머니에 손을 넣고 부스럭거리는 소리,
프로그램 안내 책자를 만지는 소리,
거친 숨소리.

무대 위 연주자들의 연주가 아닌
객석의 관객들에게서 나는 각종 소리가
바로
연주였던 것이다.

소음의 음악
그리고
침묵의 음악.

'4분 33초'는
그렇게 세상의 모든 소리가
음악이 될 수 있다는 것을 우리에게
알려 주었다.

'4분 33초'를 작곡한 존 케이지

존 케이지(John Cage, 1912~1992)가 작곡한 '4분 33초'는 연주 시 간 동안 아무 연주도 하지 않아요. 3악장으로 되어 있는 악보 에는 TACET(조용히)이라는 글만 쓰여 있고, 오선지에는 음표 가 하나도 없어요. 케이지는 왜 이런 음악을 만들었을까요?

1951년 존 케이지는 하버드 대학교의 방음 시설이 된 빈 방에 들어간 적이 있 었어요. 그런데 아무 소리도 안 들릴 거라고 생각했던 방에서 아주 미세한 소 리를 느낄 수 있었어요. 이때 '완벽한 무음은 없다.'는 것을 깨닫게 돼 '4분 33 초'를 쓰게 되었대요. 또 어떤 사람들은 로버트 라우센버그(Robert Rauschenberg, 1925~2008) 때문에 '4분 33초'가 작곡되었다고도 말해요. 존 케이지의 친구인 화 가 라우센버그가 한 전시회에서 아무것도 그리지 않은 빈 캔버스를 전시한 적 이 있었어요. 빈 캔버스는 빛의 방향이나 그 앞을 지나다니는 사람들의 그림 자 등에 의해서 변화되며 새로운 모습을 보여 줬어요. 이것을 보고 케이지도 들려주는 음악이 아닌 주변의 소리로 채워지는 음악을 생각해 냈다는 거예요. 당시 음악계에서는 '4분 33초'를 음악에 대한 도전이라며 못마땅하게 생각했어 요. 하지만 점차 시간이 지나면서 사람들의 생각도 변해 지금은 종종 공연장 에서 연주되고 있답니다. '4분 33초'는 공연장에 따라 다른 음악이 만들어져요. 연주자가 아무것도 연주하지 않아도 공연장의 연주자와 관객이 만들어 내는 소리가 음악이 되기 때문이지요. 관객은 기침을 하기도 하고, 옆 사람과 속삭 이기도 하고, 연주를 안 한다고 투덜대기도 하고, 팸플릿을 넘기기도 해요. 그 모든 소리가 '4분 33초' 동안 음악이 되는 거예요.

'랩소디 인 블루'와 '4분 33초'의 공통점

'랩소디 인 블루'는 재즈와 클래식 음악을 결합시켜 탄생한 새로운 음악이지요. 이 곡은 1920년대 변화하는 미국의 다양한 모습을 담고 있어요. 제대로 음악 교육을 받지도 않은 가난한 유태계 미국 청년인 조지 거슈윈(George Gershwin, 1898~1937)이 기차 여행을 하던 중 열차의 흔들림과 덜컹거리는 소리에서 영감을 받아 만들었어요. 거슈윈은 "열차 바퀴가 선로 이음새와 부딪치며 내는 소리에서 거대한 용광로와 같은 미국적인 힘을 느낄 수 있었다."라고 회상했어요. 그는 이 곡을 통해 사람들에게 음악은 배워서 이해해야 하는 어려운 것이 아니라 즐기는 것이라는 생각을 심어 주었어요.

'4분 33초'는 침묵과 소음의 음악이라고 정의할 수 있어요. 이 곡을 처음 들은 사람들은 '음악이라고 할 수 있을까?' 고민하기도 했지요. 하지만 존 케이지는 이 곡을 통해 "음악은 일상적으로 즐기고 누리는 것이다. 세상 모든 것이 음악이 될 수 있다."는 말을 하고 싶었다고 해요. 두 곡 모두 '음악을 좀 더 가까이'라는 생각 덕분에 만들어진 곡이지요.

'랩소디 인 블루'의 작곡가 조지 거슈윈

조지 거슈윈은 가난을 딛고 꿈을 이룬 천재 작곡가로 유명해요. 뉴욕 브루클린에서 태어났는데 어릴 때부터 음악에 소질을 보였어요. 하지만 어린 시절 피아노 개인 교습 정도만 받았을 뿐 정식 음악 교육은 받지 못했어요. 자라서도 조지 거슈윈은 악보 출판이나 뮤지컬 등 음악과 관련된 일을 했어요. 그러다가 1924년 '랩소디 인 블루'를 작곡했지요. 곡이 발표되자 사람들은 미국 재즈를 관현악과 결합시킨 멋진 시도라고 평가하며 열광했어요. 그 후 거슈윈은 뮤지컬, 영화 음악, 오페라 작곡 등 활발한 활동을 하다 39세 젊은 나이에 세상을 떠났어요.

3. 세상을 재치와 익살로 풍자한 〈놀라운 능력〉

★ 웃음과 함께 교훈을 준 풍자만화가 루브 골드버그

만화는 이해하기 쉽고 재미있다.
그런데 독특한 만화로 세상 사람들의 잘못된 점을 꼬집고
평화를 외쳐 사람들의 공감을 불러일으킨 만화가가 있다.
풍자만화가 루브 골드버그의 새로운 발상에 대해 알아보자.

"어우, 창문을 좀 닦아야겠는걸!"

"이봐, 내가 창문을
깨끗이 닦는 방법 하나 알려 줄까?
몇 가지 준비물이 필요해.
바나나 껍질 하나,
말발굽 하나, 재떨이 하나,
강아지 한 마리,
물뿌리개와 대걸레를 가져오게."

창문을 닦는 데 이런 것들이
필요하다고?

풍자 : 현실의 부정적 현상이나 모순
등을 빗대어 비웃으면서 말함.

 내가 가장 좋아하는 만화는 어떤 생각을 담고 있나요?

"지나가던 사람이 바나나 껍질을 밟고
미끄러지며 막대를 밟을 거야.

그럼 막대 끝의 말발굽이 날아가 줄에 걸리게 돼.
그 무게 때문에 물뿌리개가 흔들거리면서
물을 흠뻑 뿌려 줄 걸세.

이때, 밑에서 자고 있던 개는
비가 오는 줄 알고 피하겠지.

개가 지나가면서 넘어뜨린 간판이
재떨이를 건드리면 대걸레가 흔들흔들
유리창을 닦는 걸세."

"……?!"

이 만화는
풍자만화가
루브 골드버그의 만화

★
★★ 풍자만화 : 사회 또는 인간의
부정적인 면을 풍자하는 만화

★
★★ 루브 골드버그(1883~1970) :
미국의 만화가. 퓰리처 만화상 수상

지나가던 사람이 바나나 껍질을
밟고 미끄러지며 막대를 밟는다.

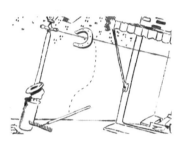

막대 끝의 말발굽이 날아가
줄에 걸린다.

말발굽 무게 때문에 물뿌리개가
흔들거리면서 물을 뿌린다.

자고 있던 개는
비가 오는 줄 알고 피한다.

개가 건드린 간판이 넘어지며
재떨이를 치면 대걸레가
흔들흔들 유리창을 닦는다.

〈뉴욕 이브닝 메일〉에
매일 실리는
루브 골드버그의
복잡하고 아리송한 그림 한 장

뉴욕 이브닝 메일(New York
Evening Mail) : 1867년부터
1924년까지 뉴욕에서 발행된 신문

어른부터 아이에게까지
폭발적인 인기를 끌었던
만화

정신없어 보이는 한 장의 만화는
우리가 일상에서 간단하게 할 수 있는 일을
얼마나 복잡하게 만들면서 살아가는지
빗대어 보여 준다.

만화를 본 사람들은 말한다.
"우리는 참 우스꽝스러울 정도로
복잡하게 살고 있구나!"

그는 왜 이런 만화를 그렸을까?

내 만화는 인간의 놀라운 능력을
표현한 것입니다.
아주 작은 결과를 얻기 위해
너무 많은 노력을 기울이는 인간들!
정말 놀랍지 않나요?

_(루브 골드버그)

★
★★

루브 골드버그 장치 : 생김새나 작동
원리는 아주 복잡하고 거창한데 하는
일은 아주 단순한 기계를 일컫는 말

사회의 여러 가지 제도에 둘러싸여
점점 복잡하게 살고 있는
사람들의 모습을 보여 주고자 했던
루브 골드버그.

'루브 골드버그 장치'라는 말을 탄생시킨
그의 만화는
인간이 만든 '비효율적인 제도'를
익살스럽게 풍자해 보여 주고 있다.

'연필을 깎는 간단한 방법'에 대한 만화

"하늘에 연을 띄우게!
그러면 가둬 뒀던 좀벌레가 나와
스웨터를 갉아먹을 걸세.

스웨터가 얇아지면서 가벼워지면
반대쪽에 매달린 구두가 아래로 내려가
스위치를 누르게 되겠지.

전원이 켜진 다리미에 열이 오르면서
다리미 아래의 옷은 타서 연기가 날 테고,
그때 불이 난 줄 알고 주머니 쥐가 뛰어내린다고.

그리고 쥐를 보고 도망가려는 딱따구리가
탈출을 위한 몸부림을 하게 되면!
딱딱딱딱…… 마침내 연필이 깎이게 된다고!"

연필 하나를 깎는 정도의 사소한 일에
너무 많은 격식과 과정을 거치는
우리들의 삶…….

하늘에 연을 띄우면
줄이 당겨진다.

줄이 당겨져 문이 열리면
가둬 뒀던 좀벌레가 나와
스웨터를 갉아먹는다.

스웨터가 가벼워지면
반대쪽에 매달린 구두가
내려가 스위치를 누른다.

전원이 켜진 다리미가 뜨거워지며
옷이 타 연기가 난다.

불이 난 줄 알고
주머니 쥐가 뛰어내린다.

쥐를 보고 도망가려는 딱따구리가
몸부림을 치다 딱딱딱딱……
마침내 연필이 깎인다.

1948년 루브 골드버그는 한 장의 만화로
퓰리처 만화상까지 수상한다.

그 만화는 '평화를 위하여(Peace today)'.

★
★★ 퓰리처상 : 미국에서 가장 권위 있는 보도 ·
문학 · 음악상. 1917년 언론인 퓰리처가
기증한 50만 달러의 기금으로 만들어짐.

"거대한 핵무기 위에서
자신의 안전을 지키고 있다고
생각하는 사람들 좀 보게!
그러나 그 핵무기는 죽음의 절벽에서
아슬아슬하게 버티고 있는 중이라네.
사람들은 안전을 위하여
폭발물을 끌어안고 살고 있는 셈이지."

복잡하면서도
엉뚱하고 황당한 만화

루브 골드버그의 만화를 본 사람들은
자신을 돌아보고
사회를 돌아볼 수 있게 되었다.

루브 골드버그는
우리가 살아가면서 무심코 지나치는 것들,
부당하다는 생각조차 못했던 것들을
꼬집어 내
한 장의 만화에 담아냈다.
그는 풍자를 통해 사람들을 일깨우고
잘못된 제도를 꼬집었다.

그는 만화로 전 세계에
자기 목소리를 낸
용기 있는 만화가이다.

풍자만화가 루브 골드버그

미국 샌프란시스코에서 태어난 루브 골드버그(Rube Goldberg, 1883~1970)는 만화가이자 조각가이고 퓰리처상 수상자예요. 그는 캘리포니아 버클리 대학교에서 공학을 공부했고, 첫 직업은 엔지니어였어요. 하지만 그는 엔지니어로 사는 것보다 만화를 그리고 싶어 했어요. 그는 꿈을 좇아 6개월 만에 엔지니어를 그만두고 샌프란시스코의 한 신문사에 들어가 만화를 그리기 시작했어요. 자신의 만화를 연재하고 싶었던 그는 다른 신문사나 출판사에 새로운 만화를 그려서 끊임없이 보냈어요. 포기하지 않는 그의 의지 덕분이었는지 골드버그는 드디어 〈뉴욕 이브닝 메일〉에 만화를 연재할 수 있게 되었지요. 그의 만화는 신문에 연재되자 곧 사람들에게 큰 인기를 끌었어요.

골드버그의 만화는 '만화는 웃기고 재미있다'는 관념에 따른 그저 웃기기만 하는 내용이 아니었어요. '으응? 이게 뭐지?' 하고 다시 보게 하는 것이었지요. 그의 만화에는 사회에 대한, 인간에 대한, 우리의 삶에 대한 풍자가 들어 있었어요. 사람들이 일상생활에서 쓸데없이 지나칠 정도로 복잡하게 살아가는 생활 습관이나 규칙, 제도, 조직 등을 풍자했지요. 사람들은 황당하고 어이없는 그의 만화를 보며 한바탕 웃고, 일상생활 속에서 무엇을 고쳐야 하는지 생각하게 됐어요.

골드버그는 또한 전쟁을 비판하고 평화의 소중함을 널리 알렸어요. 그 공로로 퓰리처상을 수상했지요. 만화가로서 루브 골드버그는 60여 년 동안 많은 사람의 사랑을 받았어요. 그의 만화가 신문에 실릴 때는 수많은 미국 사람들이 신문 파는 곳 앞에서 줄을 서서 기다렸대요.

루브 골드버그 장치

루브 골드버그의 만화에는 단순한 결과를 얻기 위해 매우 복잡한 과정을 거쳐야 하는 온갖 장치가 등장해요. 쉽고 단순한 작업을 아주 어렵고 복잡하게 만들어 놓은 것들이에요. 이 장치들은 하는 일에 비해 작동 방법이 너무 거창하고 황당해서 누구나 웃게 되지요. 골드버그는 바퀴, 핸들, 컵, 공, 새장, 욕조, 신발 등을 통해 매우 간단한 일을 놀랍도록 복잡하게 해내는 장치들을 만들어 냈어요. 이 기계들은 만화적 상상력으로 만들어진 것이기 때문에 효율성보다는 재미와 기발한 아이디어로 호평을 받았어요.

사람들은 골드버그 만화에 등장하는 이런 복잡한 장치를 '루브 골드버그 장치'라고 불렀어요. 이 말은 모양이나 작동 방법은 아주 복잡하고 거창한데 하는 일은 어이없이 단순한 기계를 일컫는 말이자, 필요 이상으로 지나치게 공을 들이는 일, 거의 불가능한 일 등을 의미하는 말이 되었어요.

'루브 골드버그 장치' 활용하기

풍자를 하기 위해 만든 '루브 골드버그 장치'는 창의적인 상상력에 흥미를 가진 사람들에 의해 이어져 오고 있어요. 미국의 퍼듀 대학교에

| 루브 골드버그 장치 콘테스트

서는 1987년 이후 해마다 '루브 골드버그 장치 콘테스트'를 개최해요. 이 대회는 언론을 통해 우승 팀과 그 팀의 작품이 공개되지요. 또 미국 항공 우주국에서는 루브 골드버그 장치를 보고 착안해 낸 여러 장비들을 우주 비행사들의 상상력 훈련과 위기 대처 훈련에 응용하기도 해요. 이 밖에도 세계 여러 나라에서 '루브 골드버그 장치 대회'를 개최하고 있어요. 우리나라도 2006년 과학기술부가 주최한 '우주인 선발 대회'에서 소개된 이후, 2012년부터 국립과천과학관이 청소년들을 대상으로 '과천과학관 골드버그 대회'를 해마다 열고 있어요.

4 거꾸로 생각해 보기, 〈180도의 진실〉

★ 시선을 바꾸면 세상이 다르게 보인다

세상의 모든 물건은 앞과 뒤, 위와 아래, 왼쪽과 오른쪽이 있다.
뒤집어 보고, 회전시켜 보고, 돌려 보면
미처 생각하지 못한 색다른 모습이 발견되기도 한다.
재미있게 세상을 보는 '새로운 관점'에 대해 알아보자.

상상해 보자.
이것은 무엇일까?

이것은 연필의 다른 모습이다.

그렇다면

또다시 상상해 보자.

이것은 무엇일까?

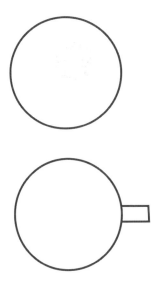

돋보기인가?

이것은 컵의 다른 모습이다.

위에서부터 천천히

아래쪽으로

시선을 옮겨 보면

컵의 모양이 드러난다.

아래

앞

뒤

왼쪽

오른쪽

이렇게 사물의 여러 면을

찬찬히 살펴본 적이 언제였던가?

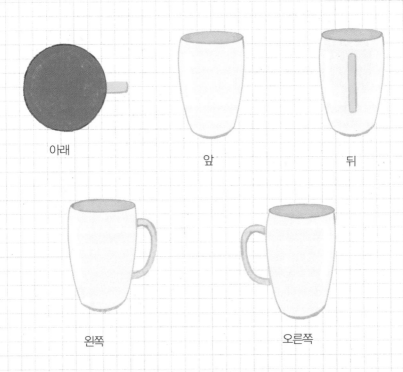

아래

앞

뒤

왼쪽

오른쪽

뒤집어 보는 묘미는 어떨까?

곰 그림을 뒤집어 보자.

뭔가 다른 것이 보이는가?

곰은

문이 되었다.

이 문으로 들어가서 잠시 동안

세상을 거꾸로 보는 놀이를 해 볼까?

앨리스는 나무 위에서 미소만 남기고
사라진 고양이를 보며 말한다.
"내가 본 것이 고양이야?(Was it a cat I saw?)"

_《이상한 나라의 앨리스》 중에서)

생각해 보자.

"Was it a cat I saw?"

이 문장의 특징은 무엇일까?

★
★★ 팰린드롬(Palindrome):
　　거꾸로 읽어도 같은 뜻이 되는
　　문장이나 단어

팰린드롬
거꾸로 읽어도 같은 뜻이 되는 문장

Was it a cat I saw?

다시 합창 합시다
소주 만병만 주소
여보 안경 안 보여
아 좋다 좋아

다시 합창 합시다
소주 만병만 주소
여보 안경 안 보여
아 좋다 좋아

모두

거꾸로 써도, 거꾸로 읽어도

똑같은 내용의 문장이다.

그림은 어떨까?

중력이 없는 우주 공간처럼

사물을 마음대로 배치해 그린 샤갈.

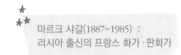

마르크 샤갈(1887~1985) :
러시아 출신의 프랑스 화가·판화가

집은 거꾸로 매달려 있고

달은 땅에 있고

나무는 하늘에서 자라고,

사람은 지붕 위를 날아다닌다.

그림은 내가 또 다른 세계를 향해

날아가도록 해 주는 창이다.

_(샤갈, 화가)

또 거꾸로 보면 다른 것이 보이는
신기한 그림도 있다.

 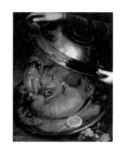

위 그림을 180도 뒤집으면
어떤 그림이 보이는가?

긴 수염의 점잖은 사내를 뒤집으면
해골 같은 모습이 보인다.

고기가 담긴
은빛 쟁반을 뒤집으면
투구를 쓰고 갑옷을 세운
기괴한 사람 모습이 등장한다.

혁명의 실패를 기다리며 웃는 군주를 뒤집으면
혁명에 분노하는 또 다른 귀족의 얼굴이 보인다.

호수 위의 우아한 백조,
그런데 호수 아래에는 우람한 코끼리도 보인다.

발견조차 쉽지 않은 숨겨진 그림
화가들의
기발한 상상력과 놀라운 재치.

항상 똑같은 시선으로 보는 세상은
변하지 않는다.

시점을 바꾸면
생각은 부드럽게 이리저리로 튈 수 있고

받아들이는 사람에 따라
갖가지 모습을 보여 준다.

다른 각도에서 세상 보기.

세상의 다른 면을 보는
가장 재미있는 방법이다.

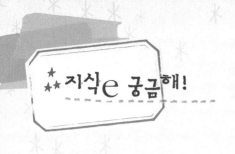

상상의 힘

세상은 상상의 힘으로 발전했다고 해도 과언이 아니에요. '이런 물건이 있으면 어떨까?' 상상했던 발명가들이 실제로 그 물건들을 만들어 냈어요. '이런 그림은 어떨까?' 상상한 화가들은 과거와 다른 새로운 그림을 그렸어요. 음악과 문학, 영화와 같은 분야도 마찬가지예요. 또 수학이나 과학과 같은 학문도 모두 상상에 의해 발전해 왔어요. 이렇게 사람의 머릿속에서 새로운 생각이 만들어지고 그러한 생각들이 조금씩 실현되면서 세상은 변화하고 발전하지요. 새로운 것들이 시도되어 나오면서 이를 누리는 사람들도 다양한 즐거움을 맛볼 수 있지요. 이처럼 상상에는 새로운 것을 만들어 내는 무한한 힘이 있어요. 만약 사람들에게 상상력이 없었다면 세상은 변화도 없고 재미도 없는 답답한 곳이 되었을 거예요.

그런데 상상력은 그냥 생기는 것이 아니에요. 태어날 때부터 유난히 상상력이 풍부한 사람도 있지만 우리는 여러 방법으로 상상력을 키울 수도 있어요. 사물을 볼 때 있는 그대로 보지 말고 여러 면을 보도록 노력해 보세요. 멀리서 보고 가까이서 보고, 앞에서 보고 뒤에서 보고, 뒤집어도 보는 거예요. 또 사물이 다른 용도나 다른 모양이 되는 것을 상상해 보세요. 이 물건이 다른 모양이 된다면 어떤 것이 좋을까? 다른 용도로 쓴다면 어떻게 쓰일까? 만약 내가 만든다면 어떻게 만들 수 있을까? 등 여러 가지로 상상해 보는 거예요. 그뿐 아니라 말이나 규칙, 일, 사람까지도 다르게 보는 연습을 해도 좋아요. 이런 연습을 하다 보면 생활이 더 재미있어지고 상상력도 키워질 거예요. 대단히 놀라운 것을 발견 또는 발명하거나 훌륭한 예술 작품을 창작할 수도 있지요.

언어, 수로 놀아 보자, 팰린드롬

팰린드롬(palindrome)은 '뛰었다 다시 돌아오는(running back again)'을 뜻하는 단어로 그리스 어에서 나온 말이에요. 단어나 구, 문장 등을 왼쪽부터 읽어도 오른쪽부터 읽어도 서로 같은 것을 말해요. 영어에는 'dad', 'mom', 'eye', 'noon'과 같은 단어가 있고, 우리말에는 '일요일', '실험실', '오디오'와 같은 말이 있어요. 또한 '다시 합창합시다'와 같은 문장은 왼쪽부터 읽은 것과 오른쪽부터 읽은 것이 같은 팰린드롬이에요.

우리나라 연예인 중에 가수 이효리나 탤런트 윤시윤의 이름도 마찬가지예요. 외국의 경우, 메이저리그 선수였던 롭 넨(Robb Nen)이나 데이브 오토(Dave Otto), 마크 살라스(Mark Salas) 같은 선수들의 성이나 미국의 유명한 억만장자 투자가 조지 소로스(George Soros)의 성도 팰린드롬이지요.

수에서도 393, 2442, 56265처럼 앞으로 읽으나 뒤로 읽으나 같은 수를 팰린드롬 수라고 해요. 팰린드롬 수를 만드는 놀이도 있어요. 가장 간단한 방법으로는 하나의 수를 정한 다음, 그 수와 그 수를 뒤집어 읽은 수를 더하는 방법이에요. 예를 들어 342라는 수를 가지고 만든다면 342에 243을 더하여 585와 같은 팰린드롬 수가 나오도록 하는 거지요. 만약 한 번 해서 팰린드롬 수가 나오지 않으면 수를 뒤집어 더하는 것을 반복하면 돼요.

팰린드롬 글자 만들기

앰비그램(ambigram)

대칭의 원리를 이용한 앰비그램은 글자를 180도 돌렸을 때 똑같은 글자로 읽히거나 완전히 다르게 읽히는  글자예요. 그런데 뭔가 떠오르지 않나요? 바로 비밀 편지나 암호 같은 것에 쓸 수 있다는 거예요. 그래서 앰비그램은 실제로 비밀 암호를 만들 때 많이 사용되고, 그런 내용이 나오는 소설에도 많이 등장했대요. 피너 뉴엘이라는 삽화가가 자신의 책 마지막 페이지에 남긴 앰비그램은 똑바로 보면 'The End'로 보이지만, 180도 뒤집어 읽으면 'Puzzle'로 보여요. 아주 흥미롭게 그렸지요?

애너그램(anagram)

애너그램은 일종의 언어 놀이예요. 단어나 문장의 철자를 재배열해서 새로운 단어나 문장을 만드는 거지요. 'the eyes⇒they see'처럼 말이에요. 특히 프랑스 사람들이 이런 언어 놀이를 좋아해서 중세 시대까지도 국왕 전속으로 철자 바꾸기 전문가라는 직위가 있었다고 해요.

리포그램(lipogram, 철자 빼기)

'I am going to show you how to do this right now.'에서 전혀 들어가지 않은 알파벳은 무엇일까요? 그래요. 알파벳 중에서 가장 많이 사용되는 'e'예요. 이렇게 어떤 한 글자를 사용하지 않는 글자 놀이를 리포그램(lipogram, 철자 빼기)이라고 해요. 빠진 글자를 발견하기는 쉬울지 몰라도 한 글자를 빼고 문장을 만드는 것은 굉장히 어려운 일이라 할 수 있어요.

그런데 1939년, 어네스트 빈센트 라이트(Ernest Vincent Wright, 1872~1939)라는 사람이 발표한 소설 〈개즈비(Gadsby)〉에는 어떤 글자가 하나 빠져 있어요. 이 소설은 널리 알려져 있는 스콧 피츠제럴드(Scott Fitzgerald, 1896~1940)의 〈위대한 개츠비(The Great Gatsby)〉와는 다른 소설이에요. 아무튼 이 〈개즈비〉는 5만 개의 단어가 쓰인 소설인데 알파벳 'e'가 단 한 번도 나오지 않는대요. 정말 굉장하지요? 라이트는 리포그램을 통해 소설을 완성하기 위해 타자기의 알파벳 'e'를 아예 작동되지 않도록 해 놓고 글을 썼대요. 하지만 이 작업을 하느라 너무 스트레스를 받아서인지 소설이 출판되는 날 그는 사망했어요.

샤갈의 상상력, 왜 이런 그림을 그렸을까?

마르크 샤갈(Marc Chagall, 1887~1985)은 색채의 마술사라고 불리는 화가예요. 그리고 꿈꾸는 사람이라는 애칭을 갖고 있지요. 그의 그림을 보면 나무가 하늘에서 자라고, 집이 거꾸로 붙어 있고, 사람은 지붕 위를 날아요. 그래서 사람들은 샤갈의 그림이 현실을 떠난 초현실주의 그림이라고 말해요. 하지만 샤갈은 분명히 말했어요. 자신의 그림은 현실을 그린 것이라고. 대신 그 현실은 자신의 추억 속의 현실이라고 말이에요.

샤갈은 1887년 러시아의 비테프스크에서 태어났어요. 비록 가난했지만, 미술을 공부하며 행복한 어린 시절을 보냈지요. 하지만 성인이 된 후 대부분 프랑스에서 지냈어요. 특히 제2차 세계 대전이 일어나면서 유태인이었던 샤갈은 나치를 피해 미국까지 피신하기도 했어요. 그리고 전쟁이 끝난 뒤에도 고향에 돌아갈 수 없었지요. 남은 생을 사는 동안 샤갈은 자신의 조국에서 가족들과 함께 행복하게 사는 모습을 꿈꾸며 그림을 그렸어요. 그렇게 해서 샤갈의 실현될 수 없는 바람들은 캔버스에 독특한 그림들로 남게 된 거지요.

착시를 이용한 그림들

오래전부터 화가들은 눈의 착각 현상, 즉 착시를 이용한 그림을 그렸어요. 어떤 그림들은 보는 이에 따라 다른 그림이 되기도 하고 동시에 두 가지로 보이기도 해요. 그것은 재미를 주기 위한 것도 있고, 보고 싶은 것만 보려 하는 사람들에게 눈에 보이는 것 이면에는 다른 것도 있다는 사실을 알려 주기 위한

것도 있어요. 렉스 휘슬러(Rex Whistler, 1905~1944)는 뒤집으면 다르게 보이는 그림을 그려서 유명해진 화가예요. 보세요. 안경 쓴 할머니가 수염이 덥수룩한 할아버지로 변했지요?

5 예술에 대한 생각을 바꾸다, ⟨변기⟩

★ 무엇이든 예술이 될 수 있을까? 없을까?

예술 작품은 직접 만든 것이어야 한다고 생각하던 때
이미 만들어진 변기에 '샘'이란 이름을 붙여 전시회에 내놓았다.
"이것이 예술 작품이 될 수 있을까?"
예술의 경계를 무너뜨린 화가를 통해 예술 작품에 대해 알아보자.

1917년 4월 10일, 뉴욕

젊은 예술가들을 위한

앙데팡당전이 열리기 직전

전시회 관계자들은 난처한 상황에 빠진다.

이유는 바로 출품작

'샘(Fountain)' 때문.

샘(Fountain) : 프랑스의 화가
마르셀 뒤샹의 대표작

"샘은

과연 예술 작품인가?"

앙데팡당전 : 프랑스 미술가 협회가 개최하는 미술전.
보수적인 심사에 반대하는 화가들의 전시회로
자유로운 양식의 작품들이 많이 출품된다.

 여러분이 알고 있는 재미난 예술 작품은 무엇인가요?

'샘'은

한 세기가 지난 2004년 영국에서

'가장 영향력 있는 현대 미술 작품'

1위로 선정됐다.

5위는? 마티스의 '붉은 화실'

4위는? 피카소의 '게르니카'

3위는? 앤디 워홀의 '마릴린 먼로'

2위는? 피카소의 '아비뇽의 처녀들'

★
★★ 마티스(1869~1954) : 프랑스의 화가.
1900년경의 야수파 운동의 지도자

★
★★ 앤디 워홀(1928~1987) : 미국의
미술가이자 영화 제작자

'샘'의 작가는
마르셀 뒤샹.

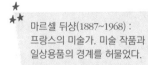

마르셀 뒤샹(1887~1968) :
프랑스의 미술가. 미술 작품과
일상용품의 경계를 허물었다.

앙데팡당전이 있기 얼마 전
뒤샹은 남성용 소변기를 구입한다.

자신의 이름 대신
변기 제조업자의 이름(R. Mutt)으로 서명하고
그 변기에 제목을 붙인다.

물이 땅에서 솟아 나오는 곳을 뜻하는
'샘(Fountain)'

65

뒤샹은 '샘'을 심사가 없고
참가비만 내면 전시할 수 있는
앙데팡당전에 출품한다.

그러나
진열은 거부된다.

표절 : 시나 글, 노래 등을 지을 때에
남이 작품의 일부를 몰래 따다 씀.

"비도덕적이며 저속하다!"
"화장실 설비에 대한 표절이다!"

뒤샹은 기다렸다는 듯
이에 대해 반박한다.

The Blind Man : 장님이라는 제목의 잡지.
모든 사회적 · 예술적 전통을 부정하는 운동을
하는 예술가들의 기관지였다.

누구든지 상점의 진열창에서 매일 발견할 수 있는
화장실 설비는 비도덕적인 것이 아니다.
직접 자기 손으로 만들었냐는 것도 중요하지 않다.
평범한 일상용품을 선택하여 전시함으로써
새로운 개념을 창조한 것이다.

_〈뒤샹, 〈The Blind Man〉 제1호〉

"예술품은 색을 칠하거나 구성할 수도 있지만
단지 선택만 할 수도 있다."

그 이전에도 그는 예술품으로
일상적인 사물들을 선택했다.

자전거 바퀴와 의자

_('자전거 바퀴', 1913년)

병 말리는 기구

_('병 걸이', 1914년)

예술가가 그리지 않아도
예술가가 만들지 않아도

예술가가 선택한 사물이면
예술이 될 수 있다.

드디어 뒤샹에 의해
예술 작품과 일상용품의
경계가 무너졌다.

뒤샹은 '이미 만들어진' 물건을 사용함으로써
관습적인 미의 기준을 무너뜨리고
전통적인 예술에 의문을 던지며
정면으로 맞섰다.

그의 작품들은 사람들에게 묻는다.

"어떤 것이 예술이고,
어떤 것이 예술이 아닌가?"

그의 작품들은 사람들에게 답한다.

"예술은 높은 곳에 있는 것도
멀리 있는 것도 아니다.
바로 우리 주변 가까이에 있는
어떤 것도 예술이 될 수 있다."

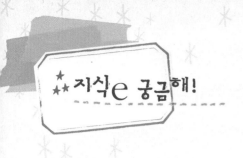
마르셀 뒤샹

마르셀 뒤샹(Marcel Duchamp, 1887~1968)은 프랑스 노르망디에서 태어났어요. 그의 가정은 가족들이 함께 음악을 들으며 저녁 시간을 보내는 여유롭고 화목한 분위기였지요. 형제들도 미술 쪽에 재능이 있어 큰형은 화가, 작은형은 조각가였어요. 뒤샹은 처음에는 그림을 그렸는데 초기에는 전원 풍경이나 가족을 주제로 따뜻하고 편안한 스케치와 유화를 많이 그렸어요.

그러나 1904년 파리에 가서 사람들의 혹평을 들은 뒤샹은 그림을 내려놓고 오브제 제작을 시작했어요. 오브제는 주변에서 흔히 볼 수 있는 물체들을 가지고 다양한 미술 작품을 만드는 거예요. 물체에는 돌, 변기, 나뭇조각, 소파 등 모든 것이 포함되지요. 뒤샹은 예술가가 확실한 의도만 가지고 있다면 우리가 흔히 볼 수 있는 물건도, 공장에서 대량 생산된 물건도 얼마든지 예술 작품이 될 수 있다고 했어요. 그는 이미 만들어진 것들로 꾸민 자신의 오브제 작품을 '레디메이드(readymade)'라고 불렀어요. '이미 만들어진', '기성품'이란 뜻이지요.

그리고 뒤샹은 1917년 소변기 '샘'을 'R. Mutt'란 가명으로 전시회에 출품했어요. 하지만 이 작품을 혐오스러워한 전시 관계자들에게 전시를 거부당해 이 소변기는 전시가 끝날 때까지 전시관의 한 구석에 방치되었어요. 그 후로도 그의 작품들에는 혹평과 악평이 뒤따랐어요.

그러나 훗날 많은 후배 화가들이 그의 작품에 매료되면서 뒤샹은 일약 현대 미술의 개척자가 되었어요. 예술 작품에 대한 시각을 이전 세대의 화가들과 달리하면서 새로운 길을 개척해 나간 그는 81세에 세상을 떠났답니다.

소변기 '샘'은 왜 논란의 중심이 되었을까요?

1917년 당시에는 소변기가 '샘'이라는 제목을 달고 미술관에 출품되는 것 자체가 획기적인 일이었어요. 왜냐하면 그때까지 예술 작품은 스스로 그리거나 직접 만든 것이어야 한다고 모두 생각했으니까요. 그렇기 때문에 '샘'은 제대로 전시되지도 못했고, "도대체 이게 뭐야?", "이제 예술은 끝이군!" 등의 혹평이 대부분이었어요. 많은 사람들이 전통 예술에 대한 도전이라는 비난을 서슴없이 했지요. 하지만 전통적인 미술 기법이 아닌 뭔가 새로운 것을 찾던 예술가들은 뒤샹을 따르고 응원했어요.

마르셀 뒤샹, 현대 미술의 신세계를 열다

마르셀 뒤샹은 이미 제작된 기성품을 전혀 변형시키지 않아도, 작가의 뜻에 따라 새롭게 해석되어 전시된다면 하나의 기성품 예술 작품이 된다고 주장했어요. 그리하여 점차 예술 작품은 그리는 것뿐만 아니라 만드는 것, 새롭게 해석하여 선택하는 것까지 영역이 아주 넓어졌어요.

이렇게 뒤샹으로 인해 다양한 현대 미술의 문이 열리기 시작한 거예요. 뒤샹은 한 차원 높은 곳에 위치해 있는 듯한 예술의 권위를 무너뜨렸고, 전통에서 벗어난 독창성과 자유로움으로 다양한 예술 세계를 열었어요. "예술이 다 아름다울 필요도 없고, 모두가 다 좋다고 하는 것만이 예술일 필요도 없다."며 많은 '레디메이드' 작품을 전시한 뒤샹은 "예술은 바로 우리 주위에서 가장 가깝게 존재하는 것들"이라고 말했지요.

그의 이런 생각은 수많은 작가에게 엄청난 영향을 끼쳤어요. 잭슨 폴록(1912~1956)과 같은 현대 화가들, 팝 아트, 미니멀 아트 등 현대 미술에 있어 새로운 작품들이 뒤샹 이후로 봇물 터지듯 쏟아져 나오기 시작했지요. 그래서 뒤샹은 현대 미술의 문을 연 사람, 신세계를 연 사람이라는 인정을 받고 있어요.

쉼 없는 노력, 꿈을 향한 도전

열정으로
다지다

6 몸으로 감정을 표현하는 〈8분의 아라베스크〉

★ 발레 '백조의 호수'에서 우아한 백조가 된다는 것

발끝으로 서서 애달프게 손짓하는 우아한 자태의 발레리나.
그 우아함을 표현할 수 있기까지 무서울 만큼 피나는 연습이 필요하다.
순간의 아름다움을 완벽하게 표현하기 위해
발레리나들이 견뎌 낸 인내의 과정을 알아보자.

발끝으로 우아하게 서서
걷고 돌고 뛰고 날아오르는
아름다운 자태…….

몸으로 표현하는 예술, 발레

순간,
발끝으로 선 한 동작에서
그대로 멈춘다.
숨도 멈춘 것처럼 고요하다.

그런데
어떻게 발끝으로 서서
한참 동안이나
그림처럼 서 있을 수 있을까?

 표정이 아닌 몸으로 기쁨이나 슬픔을 표현해 본 적이 있나요?

발레

'백조의 호수'

달빛이 비치는 호숫가

날이 밝으면 백조가 돼 버리는 악마의 마법에서

잠시 풀려난 오데트 공주

그리고

지그프리트 왕자

백조의 호수 : '잠자는 숲속의 미녀',
'호두까기 인형'과 더불어 차이콥스키의
3대 발레 음악으로 손꼽히는 작품

첫눈에 사랑을 느낀 그들은 발끝으로 말을 건넨다.

왕자는 공주에게 떨리는 마음을 고백한다.

"사랑해도 될까요?"

그러나
날이 밝아 오자
백조로 돌아간 오데트 공주

다시 만날 것을 약속하고 헤어진다.

그녀를 뒤따르는 백조 무리는
둘의 만남을 축복한다.

무대 위
뒤따르는 백조 무리에 섞여
둘의 만남을 축복했던
한 마리의 백조.

그녀의 무대 위 발은
어느새 고요하게 멈춰 있다.

공주와 왕자
둘만의 느린 춤이 펼쳐질 때
뒤에서 고요하게 서 있을 뿐이다.

78

하지만 숨쉬기조차 조심스럽다.

단지 가만히 서 있는 동작이지만
긴장을 조금이라도 늦추면
극적 분위기가 금세 느슨해진다.

수줍은 듯 뒤돌아선 자태에서
슬픔에 젖은 분위기를
자아내야 하는
뒷모습.

섬세한 등 근육을 정지시켜서
호수의 고요함을 표현한다.

이어지는
오데트 공주의 아라베스크

발가락 끝으로 서서
한쪽 다리를 가볍게 뻗는다.

특별한 기교는 없지만
완벽한 균형이 필요한 동작

아라베스크(arabesque) : 한쪽 다리로
포즈를 유지하고 서서 한 손은 앞으로 뻗고
다른 한 손과 다리는 뒤로 뻗은 자세

한쪽 발에 몸을 싣는
이 한 동작이 이어지는 시간은
8분.

그녀 뒤의 백조 무리도 함께
8분을 버틴다.

숨도 쉬지 못할 정도의 긴장감으로
8분을 버텨야 하는
무대 위의 발레리나들.

오늘도
발레리나들은 연습을 한다.

수많은 관중 앞에서
우아한 자태를 뽐낼 그날을 위해

발끝으로 서는 연습
발끝으로 대화하는 연습
등으로 표현하는 연습

온몸이 감정을 표현하는
도구가 될 때까지 연습을 한다.

우아한 자태의 공주든

무리 속의

이름 없는 한 마리 백조든

몸으로 표현하기 위한

그들의 노력은 끊이지 않는다.

언젠가 그들에게 주어질

8분을 준비하며…….

물속에서

끊임없이 헤엄치는 발 덕분에

물 위에서 고요히 떠다니는 백조처럼.

차이콥스키의 '백조의 호수'

'백조의 호수'는 '잠자는 숲 속의 미녀', '호두까기 인형'과 함께 차이콥스키 (Tchaikovsky, 1840~1893)의 3대 발레 음악으로 유명해요. 하지만 차이콥스키가 처음 이 음악을 발표하고 발레 공연을 무대에 올렸을 때는 사람들이 좋아하지 않았어요. 무용의 반주 음악 정도로 여겨졌던 발레 음악이 너무 웅장하고 멋졌기 때문이에요. 발레에 어울리지 않는 음악이라며 모두들 고개를 갸웃거렸지요. 게다가 1877년, 처음 상연될 당시 안무와 의상, 무대 등을 제대로 갖추지 못해 더 많은 비판을 받았어요. 너무 많은 혹평을 받은 차이콥스키는 발레음악을 다시는 작곡하지 않겠다고 다짐할 정도였어요. 하지만 시간이 흐른 뒤 안무와 의상, 무대 등을 새롭게 하고 '백조의 호수'를 멋지게 공연하자 사람들은 열광했어요. 단순히 무용의 반주가 아닌, 무용을 예술로 끌어올린 음악으로 인정했어요. 그 후 '백조의 호수'에 대한 인기는 계속되어 오늘날까지 이어져 오고 있어요.

발레의 시작

발레는 음악, 무대 장치, 의상 등을 갖추어서 특정한 줄거리에 따라 춤으로 표현하는 예술이에요. 이탈리아에서 시작된 '발레(ballet)'는 '춤을 추다'를 뜻하는 이탈리아 어 '발라레(ballare)'에서 유래되었어요. 하지만 발레를 발전시킨 나라는 프랑스예요. 이탈리아 피렌체에서 태어난 카트린 드 메디시스(Catherine de Medicis, 1519~1589)가 프랑스의 앙리 2세의 왕비가 되었을 때 프랑스 궁정에 이탈리아의 궁정 발레를 소개했어요. 그리고 전 유럽으로 퍼져 나갔지요.

발레 무용수는 발레를 추는 사람으로 여자는 발레리나(ballerina), 남자는 발레리노(ballerino)라고 해요. 보통 발레는 8~10세에 시작하는 게 좋아요. 어른이 되면 유연성이 떨어져 힘들고 부상을 입을 수도 있기 때문이에요. 훌륭한 발레 무용수가 되기 위해서는 긴 팔다리와 목, 유연한 몸을 가지고 있으면 좋겠지요. 하지만 이러한 신체 조건보다 더 중요한 것은 작품의 주제를 파악하는 능력과 음악에 대한 이해력이에요. 또 넓은 무대에서 특별한 무대 장치 없이 펼쳐지는 발레 공연에서는 공간 지각 능력도 필요하대요.

한국이 낳은 세계적인 발레리나 강수진

한국 발레리나계에서 강수진은 '최초'와 '최고'의 대명사라 할 수 있어요. 1985년 동양인 '최초'로 스위스 로잔 발레 콩쿠르에서 우승하며 세계에 이름을 알렸어요. 1986년에는 세계 5대 발레단인 독일 슈투트가르트 발레단에 '최연소' 단원으로 들어갔어요. 그 후 무용계의 아카데미상이라 할 수 있는 브누아 드 라 당스 '최고 여성 무용수' 상을 받았으며, '최고'의 예술가에게 장인의 칭호를 공식적으로 부여하는 독일의 '캄머 탠처린(궁중 무용가)'에 선정되었어요.

발레리나 강수진은 그야말로 세계가 인정하는 최고의 발레리나예요. 하지만 강수진은 그녀가 쓴 책에서 스스로를 발레 천재는 아니라고 말하고 있어요. 보통 사람이라면 포기할 법한 시련도 여러 번 있었지요. 하지만 포기하지 않고 자신이 원하는 동작을 만들기 위해 하루 19시간씩 이를 악물고 연습을 했어요. 쓰러질 때마다 일어나 한 단계씩 성장해 간 그녀의 삶은 바로 노력과 열정을 통해 이루어진 것이었어요. 쉼 없는 연습으로 울퉁불퉁해진 강수진의 발 사진은 유명해요. 뼈가 튀어나오고 굳은살이 박이고, 발톱이 뭉개진 모습이지요. 우아한 발레리나의 모습과 대조적인 것 같지만 이 상처투성이의 발은 그녀의 부단한 노력과 이를 통해 이룩한 영광을 말해 주어요.

7. 삶이 시가 되다, 〈늙은 시인의 노래〉

★ 섬마을 할머니, 할아버지들의 시 쓰기

시라는 것이 무엇인지도 모르고 살아왔던
섬마을의 할머니, 할아버지들이 시인이 되었다.
삶의 고단함과 애환 등을 노래하며 삶 자체가 시가 된
그들의 이야기에서 시란 무엇인지 생각해 보자.

60대는 청년
70대는 중년이라 부를 정도로
노인들뿐인 섬마을에서
2009년 9월에
시작된 일

지역의 한 연극 단체가 제안한
'생활 문화 공동체 만들기 사업'

조용한 섬에
활기를 불어넣기 위해 시작된
시 쓰기.

그리하여
아주 특별한 시인들이 탄생했다.

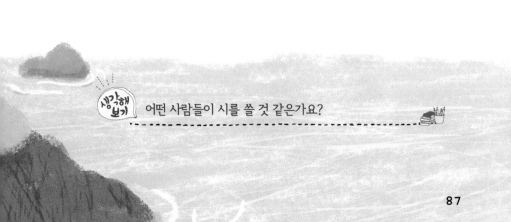

생각해 보기 어떤 사람들이 시를 쓸 것 같은가요?

활기가 사라진 지 오래된 마을에
그것도 시를 쓰자고 하니 기가 막힐 노릇이었다.
_(김홍조, 마을 이장)

돋보기 없이는 읽기도 힘든
노안

노안 : 늙어서 시력이
나빠지는 현상

대부분 한글을 배우지 못한
60대 이상 할머니, 할아버지들

'가나다'부터
한글 수업을 시작했다.

"안경을 안 가져와서 글자가 안 보여."
"우리 같은 늙은이들이 무슨 시를 쓴다고!"

모기만 한 목소리에
영 곤란한 얼굴

그렇게
어렵게 시작된 시 쓰기.

이렇게 천천히, 편안하게
특별할 것 없어도 괜찮은
시 쓰기가 시작됐다.

그렇게
가을과 겨울, 두 계절을 나는 동안
하나둘 풀어 놓기 시작한
할머니, 할아버지들의 삶

아픔과 즐거움 그리고…….

새벽부터 밤까지
허리 한 번 펴기도 힘든 인생.
오늘도 일을 한다.
칠순이 넘은 이 나이에
무슨 일이든
일하지 않으면 불안해진다.
– '일하는 인생', 정석규(1938년생)

조개를 팔고 마늘을 팔아도
병원비도 안 된다.
일하기 위해 병원 가는지
병원 가기 위해 일하는지
그러다가
중풍을 맞았다.
– '약이 밥이 되고', 박원선(1939년생)

뱃일, 밭일에 지친 사람들,
일찍 자도 잠이 모자라는 판인데
밥 나오고, 떡 나오는 일도 아닌데.

_'마을 공동 이익을 위하여', 김형도(1941년생)

호박보다 더 크고
반짝이는 빛이 고와
풍선을 오래오래 보고 싶어
쑤씨골이 걸어 두었는데
며칠이 지나
바람이 빠져 쭈굴쭈굴해져 버렸다.
조것이 나를 닮았네.

_'바람에 실려 온 풍선'에서, 김공순(1929년생)

욕도, 바람도 세월을 이기지 못하고
욕쟁이 아버지도, 한량 영감도 하늘로 갔다.

_'미운 정도 정인가'에서, 송영자(1929년생)

91

시 쓰기는 잃어버린 세월, 잃어버린 나를
되돌아볼 수 있는 계기가 되었다.
_(장석순, 1929년생)

시에 맞는 그림까지
직접 그리면서

시화전을 준비한
노인들
아니,
시인들.

나 같은 늙은이가 이 시 때문에
추억 때문에 시인이라는 호칭을 받고
나의 추억이 저들의 것이 될 때
감사하기까지 하다.
_(양상연, 1926년생)

지는 해는 다시 뜨련만
지나온 언덕길
돌아보면 무엇하리.
나의 소망들에
아쉬운 배웅 받으며
따뜻한 봄 올 때
꽃길 있으면 좋겠네.

_'늦가을 산길', 오호권(1949년생)

'생활 문화 공동체 만들기 사업'

문화체육관광부와 한국문화예술진흥원이 주최하는 '생활 문화 공동체 만들기 사업'은 복권 사업으로 만들어진 기금을 활용하는 문화 나눔 사업이에요. 이 사업은 '삶이 예술로, 예술이 삶으로' 피어나는 아름다운 마을 공동체를 꿈꾸며, 문화 소외 지역 주민들이 주체가 되어 문화를 누릴 수 있도록 돕는 일을 해요. 경상남도 통영시 사량도 양지리 할머니, 할아버지들의 시집을 발간한 것도 바로 이 사업의 도움을 받아 시작된 거예요.

2009년 9월부터 시작된 '섬마을에 웃음꽃이 활짝 피네' 프로젝트에서는 '극단 벅수골'의 장영석 할아버지가 문학 강사로 나섰어요. 매주 1박 2일이나 2박 3일 동안 섬을 찾아가서 어르신들의 사연을 기록하고, 한글도 가르치면서 문학 수업을 했지요. 할머니, 할아버지들도 시를 쓰면서 매우 좋아하셨답니다.

통영 사량도 할머니, 할아버지들의 시집 이야기

우리나라 남쪽에는 통영이라는 아름다운 도시가 있어요. 사량도는 통영의 가우치 선착장에서 배로 40분 정도 들어간 뒤, 산길을 따라 30분 정도 더 걸어가야 나오는 작은 어촌 마을이에요. 이곳에 시를 쓰는 할머니, 할아버지들이 계셔요. 그것도 서른 명 가까이나 말이에요. 시인이라 하면 베레모를 쓰고 멋지게 펜을 끄적이는 모습이 떠오르나요? 하지만 이곳의 시인들은 바다에서 물질을 하다가 올라와 시를 쓰고, 그물을 손질하다가 멈춰서 생각에 잠겨요. 하얗게 센 머리, 투박한 손과 바닷바람에 거칠어진 피부를 가졌지만 마음속에는 정겨운 시가 떠다니고 있지요.

이분들이 처음부터 시인이었던 것은 아니에요. 통영에 하나밖에 없는 극단인 '극단 벅수골'에서 찾아와 시를 써 보자고 했을 때, 할머니, 할아버지들의 반응은 "그걸 쓴다고 밥이 나와? 떡이 나와?"였어요. 그뿐인가요? "시가 뭔가?"부터 시작해서 "난 글자를 모르는데."까지 막막한 말뿐이었어요. 먼저 가나다를 배우는 것부터 시작했지요. 그리고 '시'라는 것이 어려운 게 아니라 내 생각을 짧은 글로 옮기는 것이라는 사실을 배워 나가며 시를 쓰기 시작했어요. 그렇게 쓴 시들이 〈시가 흐르는 섬마을〉이라는 시집으로 발간되었어요. 1년이 조금 넘는 시간에 60~80대의 늦깎이 시인 29명이 탄생한 거예요.

영앳하트(Young@Heart)

'라디오 헤드', '콜드플레이', '롤링스톤즈'는 세계적으로 사랑받는 록 밴드의 이름이에요. 흔히 '록(Rock)'은 젊은 이들이 즐기는 음악으로 인식되어 있어요. 그런데 록을 즐기는 멋쟁이 할아버지, 할머니들이 계셔요. 로큰롤 밴드 '영앳하트'. 70대부터 90대의 할머니, 할아버지들로 구성된 특별한 코러스 밴드예요. 1982년 할머니, 할아버지들이 시간도 보낼 겸해서 만든 노래 모임에서 시작되었지요. 처음엔 흘러간 옛 노래들을 불렀지만 "우리가 왜 이렇게 심심한 노래만 불러야 해? 신 나게 노래하고 춤추자고! 우린 아직 청춘이야!" 하며 록 음악을 부르기 시작했어요. 처음 연습할 때는 가사도 잊어버리고, 박자도 놓치고 힘들었지만 첫 번째 콘서트를 성공리에 마치고 유럽 순회 공연까지 갖는 등 히트를 치게 돼요. 2006년에는 영앳하트가 공연을 준비하는 과정이 영화로 만들어져 우리나라에서도 〈로큰롤 인생〉이라는 제목으로 개봉되었어요. 당시 공연의 구호는 '나, 아직 잘 산다(Alive and Well)!'였지요. 병이나 세상과의 작별 등으로 생기는 빈자리는 새로운 멤버를 뽑으며 현재까지 꾸준히 활동을 이어 오고 있답니다.

8 불행과 행복 사이, 음악이 된 남자, 〈모차르트〉

★ "나만의 음악이 완성될 때까지 포기하지 않겠다."

낮은 신분 때문에 원하는 음악을 자유롭게 할 수 없었던 모차르트,
악화된 건강과 늘어 가는 빚 때문에 비극적인 삶을 살기도 했다.
그러나 음악만큼은 그에게 한 줄기 빛이었고 희망이었다.
천재 음악가 모차르트의 음악 인생을 알아보자.

아름답고 사랑스러운

선율을 만들어 낸

세상에서 가장 유명한

천재 음악가

볼프강 아마데우스 모차르트.

모차르트는 과연
어떤 음악을 만들었을까?

볼프강 아마데우스 모차르트(1756~1791) :
오스트리아의 작곡가. 35세의 젊은 나이에 세상을
떠났으나 음악사에 남을 많은 곡을 남겼다.

 모차르트의 음악 중 기억하고 있는 곡이 있나요?

18세기
오스트리아 잘츠부르크의
궁정 음악가 모차르트.

하지만 당시 궁정 음악가는
귀족과 가장 가까이 있지만
시종
제빵사
요리사
하인보다 낮은 서열이었다.

더구나 모차르트는 수도 빈의
궁정 악단에 들어가지 못해
잘츠부르크에 머물고 있었다.

그러나
여섯 살 모차르트가 세상에 소개됐을 때
사람들은 어린 천재의 재능에 열광했다.

"잘츠부르크의 기적이다!"

그는 꿈에 부풀었다.
"요즘 내 머리는 오페라 구상으로 가득 차 있다.
작곡이야말로 내 유일한 기쁨이자 희망이다."

하지만
곧 깨닫게 된다.

행동
감정
취향
음악
이 모든 것을 자기 신분과 다른
귀족과 왕실에 맞춰야만 하는 현실.

그는 그 속에서 자신을 잃어 갔다.

모차르트는 힘든 궁정 생활 중에도

교향곡 K.183, K.201,

피아노 협주곡 K.271,

바이올린 협주곡 6곡,

피아노 소나타 등

아름다운 음악을 계속 만들어 냈지만

갈수록 마음은 피폐해졌다.

피폐 : 지치고 쇠약해짐.

"이곳에 있으면 나는 내가 누구인지 모르겠다.

떠날 이유가 명백해진 지금

더 이상 기다리며 바랄 것이 없다."

모차르트는 궁정을 나와
자유를 찾아 떠난다.

그러나 궁 밖에서도
음악을 연주하게 하고
음악을 누리는 사람은 귀족들이었다.

"자네, 좀 더 고상해질 수 없나?"
"음이 지나치게 많아."

모차르트가 새롭게 시도한 음악은
귀족들의 취향에 맞지 않았고
귀족들은 더 이상 그를 찾지 않았다.
모차르트를 음악가로 만든
아버지마저 그를 비난했다.

그리고
점점 늘어 가는 빚,
차례로 찾아온 가족의 죽음,
삶에 실패했다는 절망감⋯⋯
끝없이 이어지는 가난과 고독.

그러나
모차르트는
음악만은 놓지 않았다.

'사람들에게 들을 수 있는 귀,
느낄 수 있는 마음만 있다면!'

그의 나이 35세
죽음을 맞기 두 달 전
그는 마지막 오페라를 완성한다.

공주를 구하기 위해
길을 떠나는 왕자와 새잡이 파파게노

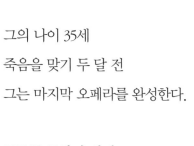

물과 불의 시련을 지나고
빛이 어둠을 이기고
마침내 찾는 자유와 사랑.

음악으로 만들어 낸 이상향,
그가 꿈꾸던 세상
오페라 '마술 피리'.

1791년 9월 30일, 오스트리아 수도 빈의 변두리
서민들이 모인 작은 극장에서
귀족들만 이해하는 이탈리아 어 대신
서민들의 언어인 독일어로
직접 지휘해 최초의 공연을 했다.

> 18세기 오스트리아에서 이탈리아
> 어는 귀족들의 언어였고, 일반
> 서민들은 독일어를 썼다.

그 후 서민부터 귀족까지 여러 계층의 사람들이
날마다 극장을 가득 메웠다.

무엇보다 기쁜 일은
조용하지만 분명히 드러나는 관객들의 호응이오.
꾸준히 사랑받고 있다는 것이 눈에 보인단 말이오.

_(모차르트, 아내 콘스탄체에게 보낸 편지, 1791년 10월)

1791년 12월 5일 새벽,
그가 세상을 떠난 뒤에도
공연은 계속되었고
사람들은 환호했다.

드디어 모차르트의 음악은
신분을 초월하고
환경을 초월하고
가난을 초월하고
국경을 초월한 음악이 되었다.

그리하여 지금 모차르트는
많은 사람들의 사랑을 받고 있다.

모차르트

볼프강 아마데우스 모차르트(Wolfgang Amadeus Mozart, 1756~1791)는 오스트리아 잘츠부르크에서 태어났어요. 그의 아버지는 궁정에서 왕과 귀족들을 위해 연주하던 궁정 음악가였어요. 모차르트는 아버지의 재능을 이어받아 어려서부터 음악에 놀라운 재능을 보였어요. 4세 때 건반을 배우기 시작했고, 5세부터는 짧은 곡을 작곡하기도 했어요. 아버지는 모차르트의 뛰어난 재능을 여러 나라의 궁정에 알리기 위해 어릴 때부터 영국, 프랑스, 이탈리아 등 유럽 곳곳으로 연주 여행을 다녔어요. 가는 곳마다 다양한 곡을 연주하고, 작곡도 하고, 즉흥곡도 연주해 '음악 신동의 탄생'이라는 칭찬을 받았지요. 천재적인 모차르트는 여행을 통해서 슈베르트와 바흐 등의 영향을 받아 음악적으로 더욱 성장했으며, 이때 이미 바이올린 소나타와 교향곡을 작곡하기도 했어요.

그 후 모차르트는 아버지처럼 궁정 음악가가 되었어요. 그러나 자신이 생각한 음악 활동을 할 수 없는데다 그를 탐탁하게 여기지 않았던 대주교와 마찰을 빚어 아버지의 반대에도 불구하고 궁을 떠나 빈으로 갔어요.

빈에서 모차르트는 오늘날 우리에게 널리 알려진 '피가로의 결혼', '돈 조반니' 등과 같은 수많은 오페라와 피아노 협주곡을 작곡했어요. 하지만 갈수록 늘어 가는 빚과 과로에 찌들려 건강이 나빠지기 시작했어요. 그런 중에도 오페라 '마적'을 완성해 성공을 거두었지만 의문의 귀족에게 부탁받은 '레퀴엠'을 미완으로 남겨 두고 11791년 12월 5일 빈에서 세상을 떠났어요. 모차르트는 빈의 빈민 묘지인 성 마르크스 묘지에 매장되었지만 매장될 당시 무덤지기 외에 아무도 본 사람이 없어서 그의 유해가 묻힌 정확한 장소는 알려져 있지 않아요.

오페라 '마술 피리'

'마술 피리'는 모차르트가 작곡한 2막으로 된 오페라예요. 엠마누엘 쉬카네더(Emanuel Schikaneder, 1751~1812)의 대본에 의하여 1791년 3월부터 작곡을 시작하여 9월 30일에 완성하고, 바로 그날 빈의 작은 극장에서 첫 공연을 했어요.

줄거리는 꽤 흥미롭고 복잡해요. 밤의 여왕은 타미노 왕자에게 마술 피리를 주며 딸인 파미나 공주를 악당으로부터 구해 달라고 부탁해요. 타미노 왕자는 새잡이 파파게노와 함께 납치된 파미나 공주를 구하러 가지요. 그런데 알고 보니 여왕이 나쁜 사람이었고, 공주를 데리고 있는 사람은 착한 철학자였어요. 타미노 왕자는 철학자 편에 서서 여왕에게 맞서고, 결국 왕자와 공주는 사랑을 이루게 돼요. 파파게노도 파파게나를 만나 짝꿍이 되어요. 그리고 밤의 여왕의 세계는 무너지지요.

원래 음악 학자들은 모차르트의 오페라 3대 작품으로 '피가로의 결혼', '돈 조반니', '코지 판 투테'를 꼽아요. 그런데 세 작품은 모두 이탈리아 어로 된 화려하고 세련된 희극 오페라예요. 반면 '마술 피리'는 서민들의 언어인 독일어로 만들어진 소박한 작품이지요. 초연되었던 극장도 귀족들이 다니는 화려한 극장이 아니라 서민들이 쉽게 드나들 수 있는 곳이었다고 해요. 모차르트는 오랜 세월 궁정에서 왕과 귀족들을 위해 작곡을 하고 연주했지만 오히려 이런 대중 극장을 좋아했어요. '마술 피리'는 초연부터 아주 오랫동안 매진 행렬을 이어 갔어요.

사람들은 왜 그렇게 '마술 피리'에 열광했을까요? '마술 피리'는 가곡, 민요, 오페라 등 다양한 장르의 음악을 섞어 놓았어요. 마치 뮤지컬처럼 말이에요. 사람들은 이렇게 다채로운 음악을 무척 재미있어 했어요. 오페라 '마술 피리'는 초연했던 극장에서 100회가 넘게 성황리에 공연돼 모차르트의 오페라들 중 가장 흥행에 성공했어요.

최고의 바이올린,
〈스트라디바리우스에 대하여〉

★ 바이올린의 표준형이 된 스트라디바리우스

바이올리니스트라면 누구나 갖고 싶어 하는
음색이 예리하고 아름다운 바이올린, 스트라디바리우스.
이 악기의 탄생에 얽힌 이야기를 통해
악기의 가치는 무엇을 기준으로 평가되는지 생각해 보자.

세계에서
가장 유명한 바이올린
'스트라디바리우스'.

안토니오 스트라디바리가
평생에 걸쳐 만든
악기들.

스트라디바리우스 :
안토니오 스트라디바리가
만든 악기

안토니오 스트라디바리(?1644~1737) :
이탈리아의 바이올린 제작자.
현재의 표준형 바이올린의 창시자

그것들은
이탈리아 크레모나의
한 지하 방에서 만들어졌다.

 바이올린 소리를 들으면 어떤 느낌이 드나요?

스트라디바리의 작업실에서 나온
바이올린을 손에 든 사람들은 감탄했다.

"한 번도 들어 보지 못했던 놀라운 소리!"

백작, 감정가, 제작자, 악기 거래상
그리고 연주자 등

세상 사람들은
그 바이올린들을 '스트라디바리우스'라고
부르기 시작했다.

"무엇이 이토록 완벽한 소리를 내게 할까?"

사람들은 스트라디바리우스를 두고
소리의 비밀을 찾아 분석하기 시작했다.

그러고는
그것과 모양도 똑같고 소리도 똑같은
바이올린을 원했다.
그리하여 스트라디바리우스의 인기만큼이나
복제되는 악기도 많았다.

스트라디바리우스 중 몇 대는
최고의 소리를 그대로 간직한 채
지금까지 박물관에 보관되고 있다.

바이올린의 명장
안토니오 스트라디바리가 만든
스트라디바리우스.

음량이 크고
음색이 깊고 예리하며
비길 데 없이 아름다운
최고의 바이올린

청중들의 환호와 갈채는
완벽한 소리를 내는
최고의 명작에 대한 찬사이다.

연주자들은 말한다.

"스트라디바리우스는
오랜 세월 연주자들의 소리를
나무에 간직한 살아 있는 악기이다."

스트라디바리우스를 연주하는

연주자의 중요한 임무 중 하나는

후대를 위해

좋은 음악을 계속 연주해

악기를 잘 길들여 놓는 것이라고 한다.

스트라디바리우스에 대하여

스트라디바리우스는 이탈리아의 악기 제작자 안토니오 스트라디바리(Antonio Stradivari, ?1644~1737)가 만든 악기를 말해요. 큰 음량과 빛나고 예리한 음색이 특징이지요. 1600년대 초반부터 이탈리아에서는 독주 악기와 관현악이 함께 연주하는 음악회가 많아지면서 독주 악기의 기교를 충분히 발휘하도록 작곡한 소나타와 협주곡이 유행했어요. 따라서 독주 악기로서 노래를 부르는 것처럼 섬세하게 표현할 수 있는 악기가 필요했지요. 당연히 좋은 소리를 내는 바이올린을 많은 사람이 찾게 되었어요. 음색이 예리하고 아름답던 스트라디바리 일가가 만든 바이올린과 현악기는 최고의 악기로 꼽혔어요.

스트라디바리우스는 안토니오 스트라디바리가 살아 있는 동안에도 명성이 높았지만, 1782년 이탈리아의 바이올리니스트이자 작곡가인 조반니 비오티(Giovanni Viotti, 1755~1824)가 파리 연주회에서 사용하면서 더욱 유명해졌어요. 또 바이올리니스트 니콜로 파가니니(Niccolo Paganini, 1782~1840)가 이 악기를 연주해 놀라운 소리를 내자 사람들은 "스트라디바리우스는 영혼이 있는 악기가 아닐까?" 하는 생각을 하게 됐어요. 음악가가 죽어도 그의 연주 실력은 스트라디바리우스에 담겨 있다는 소문이 퍼지기도 했지요.

안토니오 스트라디바리

스트라디바리우스의 제작자 안토니오 스트라디바리의 출생이나 어린 시절에 대한 기록은 없어요. 다만 그가 악기에 써넣은 사인을 볼 때, 1644년 이탈리아 크레모나의 악기 만드는 집안에서 태어난 것으로 생
각되고 있지요. 당시 크레모나는 유럽에서 바이올린
을 잘 만들기로 소문난 곳이었어요. 자손 대대로 악
기를 제작하는 집안도 있었어요. 그중에서도 아마티
(Amati) 가문이 바이올린을 잘 만들기로 유명했는데, 그곳에 바이올린 제작 방
법을 배우고 싶어 찾아오는 사람도 많았어요. 스트라디바리도 12~14세 정도
에 아마티 가문에 들어가 바이올린 제작 기술을 배웠다고 해요.

스트라디바리는 아주 열심히 바이올린을 만들었고, 20대 초반에 이미 악기에
자신의 이름을 찍을 정도의 실력을 갖추었어요. 그리고 꾸준히 아마티의 방식
을 따라서 바이올린, 하프, 류트(가장 오래된 현악기의 하나로 만돌린과 비슷한 모양이었
음.), 만돌린 등을 만들었어요. 그런데 그는 그저 배운 대로 따라 만드는 것만
이 아니라 몸통을 길게 만들거나 색상을 어둡게 하는 등 더 좋은 소리를 내는
멋진 바이올린을 만들고 싶어 많은 실험을 했어요.

그러다 40대에 스승으로부터 독립했고, 다양한 실험 끝에 1700년 이후에 독자
적인 바이올린을 만들었어요. 그의 바이올린은 아마티가 만들던 그리고 당시
다른 악기 제작자들이 만들던 바이올린과 달리 빛나고 예리한 소리를 냈어요.
이에 매료된 사람들은 그가 만들어 낸 바이올린을 갖고 싶어 했답니다.

스트라디바리우스가 멋진 소리를 내는 이유

안토니오 스트라디바리는 바이올린을 제작할 때 다양한 방식을 시도했어요.
최고의 소리를 만들어 내기 위해 많은 실험을 했지요. 바이올린을 만들 때는
각 부분에 단풍나무 · 등나무 · 버드나무 등의 재료를 썼고, 이중으로 바니시
칠을 해서 무게 있는 광택을 냈어요.

스트라디바리는 탁월한 예술적 감각을 가지고 있었을 뿐 아니라 재료의 선택
에서도 까다로웠어요. 악기 전체의 완전한 균형도 찾아냈지요. 이런 점들이

비길 데 없이 아름다운 음색을 만들어 스트라디바리우스라는 독특한 명기를 탄생시켰어요. 안토니오 스트라디바리의 전성기는 1710~1730년 정도라고 해요. 이때 제작된 바이올린은 최고의 악기로 평가받으며 높은 가격에 팔리고 있어요.

스트라디바리우스와 관련된 재미있는 이야기

최고 또는 최악의 바이올린 찾아내기

2012년 프랑스 피에르-마리 퀴리 대학교 연구진과 유명한 바이올리니스트들이 스트라디바리우스를 포함한 수십억 원이 넘는 오래된 명품 악기가 정말 우수한지 알아보는 재미있는 실험을 했어요.

실험 대상자는 프로 바이올린 연주자와 심사 위원(2010년 제8회 인디애나폴리스 국제 바이올린 콩쿠르에 참여한 사람) 등 모두 21명이었어요. 실험에 사용된 바이올린은 현대에 만들어진 바이올린 3대와 아주 오래된 바이올린 3대였지요. 오래된 바이올린은 1700년과 1715년에 만들어진 2대의 스트라디바리우스와 1740년에 만들어진 1대의 과르네리 델 제수(Guarneri del Gesu)였어요. 연주자마다 작은 호텔 방에서 6대의 바이올린을 각 1분씩 연주해 보고 최고와 최악의 바이올린을 가려내게 했어요.

실험 결과는 어땠을까요? 총 21명의 연주자 가운데 반이 넘는 13명이 현대에 만들어진 바이올린을 최고의 바이올린으로 뽑았어요. 그런데 이러한 실험 결과를 발표하자 좁은 호텔 방에서는 악기의 음색을 제대로 파악할 수 없으므로 실험 조건에 타당성이 없다는 비판을 받았어요.

그리하여 2014년에 다시 실험을 했어요. 파리 근교에 있는 300석 규모의 콘서트홀과 리허설 룸에 명품 고전 바이올린 6대와 최근 만들어진 현대 바이올린 6대를 준비했지요. 프로 바이올리니스트들에게 눈을 가린 채 연주하도록 했어요. 혹시 연주자들이 알아챌까 봐 현대 바이올린에는 오래된 목재의 감촉을 주었지요.

연주 후 참가자들에게 어떤 바이올린을 가지고 싶은지 물었더니 재미있게도 10명 중 6명이 현대 악기를 집었어요. 이 실험 결과가 좋은 악기에 대한 진실을 말하는지에 대한 논란도 많겠지만 어쨌든 스트라디바리우스와 과르네리 델 제수의 최고의 명성 때문에 나온 재미있는 실험이 아닐까요?

스트라디바리우스마다 있는 고유의 이름

스트라디바리우스는 유명한 바이올린 연주자들이 갖고 싶어 하고 연주하고 싶어 하는 악기예요. 실제 많은 유명 음악가들이 스트라디바리우스를 소유했었는데 그 음악가가 죽고 나면 그가 소유했던 악기에 그 음악가의 이름을 따서 '파가니니', '뷔탕', '비오티', '슈브와' 등의 이름이 붙었대요.

또 하나의 명품 바이올린, 과르네리 델 제수

과르네리는 스트라디바리처럼 이탈리아 크레모나 지역 출신의 현악기 제작으로 유명한 가문의 이름이에요. 그 시작인 안드레아 과르네리(Andrea Guarneri, 1623~1698) 역시 스트라디바리처럼 아마티 가문에서 바이올린을 만들기 시작했어요. 과르네리 가문에서 만든 바이올린 중에서도 최고의 악기로 꼽히는 과르네리 델 제수(Guarneri del Gesu)는 안드레아 과르네리의 손자인 주세페 과르네리(Giuseppe Guarneri, 1698~1744)가 만든 악기예요.

그의 악기는 '예수님의'라는 뜻의 '델 제수'라는 별명을 갖고 있어요. 그것은 주세페 과르네리가 항상 자신이 만든 악기에 I.H.S.(iota-eta-sigma)와 십자가를 새겨 넣었기 때문이에요. I.H.S.는 '예수'를 그리스 어로 썼을 때 처음 세 글자를 로마자화한 것이지요.

아름다운 소리를 내는 과르네리 델 제수는 스트라디바리우스와 함께 현재까지 나온 바이올린 중 가장 뛰어난 바이올린으로 알려져 있어요.

삶의 역경, 창조 예술로 승화

시련 속에서
꽃피우다

10

50년 동안 '피너츠'를 연재한 〈외톨이의 대성공〉

★ 찰리 브라운을 탄생시킨 작가, 찰스 슐츠

어릴 적, 학교에서는 전 과목에 낙제한 열등생으로,
친구들 사이에서는 심약한 외톨이로 별 볼일 없었던 찰스 슐츠.
그가 자신을 닮은 별 볼일 없는 캐릭터들의 이야기를 만화로 그려
세상 사람들에게 큰 위안을 준 이야기를 들어 보자.

1922년 미국 미네소타 주에서
한 아이가 태어났다.

아버지는 이발사

부부에겐 하나뿐인
소중한 아이

하지만
그 아이는 자라면서
주변의 사람들과 환경에
잘 적응하지 못했다.

그 아이는 어떤 삶을 살았을까?

 남들이 알아주지 않아도 꼭 하고 싶은 일이 있나요?

학교에서는 열등생

학교 과정 내내 거의 전 과목 낙제,
'덜 떨어진 아이'라고 불리며
따돌림을 당했다.

제2차 세계 대전 때 포병으로 참전
그러나 강아지가 다칠까 두려워
적의 진지를 포격하시 못했다.

포병 : 육군에서 포 사격을 맡아
하는 군대나 군인

심약하고 정이 많은 아이…….

그는 아무도 주목하지 않는
외톨이였다.

그러나 외톨이에게도 꿈이 있었다.
그것은 만화.

그런데 그가 그린 것은
만화의 주인공이라기엔
너무 시시해 보이는 캐릭터뿐이었다.

담요 없이는 안정을 찾지 못하는 불안한 소년, 라이너스
여기저기서 잘난 척을 해 대지만
사랑하는 이에겐 인정받지 못하는 소녀, 샐리
똑바로 날지 못하는 새, 우드스톡
스타가 되길 꿈꾸며 늘 변장을 하지만
그저 개일 뿐인 강아지, 스누피
그리고 자신이 만든 연조차
제대로 날리지 못하는
운 없는 소년, 찰리 브라운.

피너츠 : 찰리 브라운과 그의
강아지 스누피 그리고 여러 친구들이
나오는 만화의 제목

이들에게 붙여진 이름은
'별 볼일 없는 신세'라는 뜻의
'피너츠(Peanuts)'.

별 볼일 없었던 외톨이 만화가의
삶이 반영된
별 볼일 없는 주인공들이
등장하는 만화.

그런데
이 별 볼일 없는 외톨이들의 합작품 '피너츠'가
1950년 드디어
한 신문에 연재되기 시작했다.

"학창 시절 계속되었던 좌절과 실패가
주인공들의 피와 뼈 그리고 살이 되었다."

그가 외톨이로 겪었던 마음의 상처와 좌절감이
세상 사람들에게 따뜻한 위안을 주는
만화로 탄생한 것이다.

외톨이 인생들의 합작은
대성공!

'피너츠'는
큰 인기를 끌며 50년 동안 연재되었으며,
전 세계 75개국의
신문이나 잡지 등에 게재되었다.

행운은 따르지 않고 실패만 하며
공상에 갇혀 사는 주인공들을 통해

그와 비슷한 모습으로 살아가는 모든 사람을
따뜻한 시선으로
감싸 주고 싶었던 만화가

찰스 슐츠.

찰스 슐츠(1922~2000) : '피너츠'를
50년 동안 연재한 미국의 만화가

그는 50년 동안
단 한 번도 자신의 외톨이 주인공들을
남의 손에 맡겨 그리지 않았다.

2000년 세상을 떠난 뒤
스누피의 말을 통해 세상에 전해진
찰스 슐츠의 작별 인사

"사랑하는 친구들에게
50년 동안 찰리 브라운과 그의 친구들을
그릴 수 있어서 매우 행복했었지.
찰리 브라운, 스누피, 라이너스, 샐리
어떻게 이들을 잊을 수 있을지…….."

찰스 슐츠,
그는 만화를 통해 우리에게 말한다.

"세상 사람들이 알아주지 않아도
꿈을 가진 나는 외롭지 않았다.
그리고 내 꿈으로 만들어 낸 친구들 속에서
무척이나 행복했다."

'피너츠'를 그린 찰스 슐츠

찰스 슐츠(Charles Schulz, 1922~2000)는 미국 미네소타 주의 미니애폴리스에서 태어났어요. 1920년대 당시는 세계적으로 경제가 큰 어려움에 처했고, 전쟁의 소용돌이가 세계를 휩쓸던 시기였어요. 찰스 슐츠는 가정에서는 사랑을 많이 받고 자랐지만, 학교에서는 공부를 따라가지 못했고 소심한 성격에 친구도 없었어요. 그런 찰스 슐츠는 고등학교 때 통신 강의를 통해 처음 만화 공부를 시작했어요. 그리고 여러 신문사와 출판사에 자신의 만화를 실어 달라고 보내기 시작했어요. 처음에는 모두 거절을 당했지만 1948년 〈새터데이 이브닝 포스트〉에 '릴 호크스'를 발표할 수 있었어요.

'피너츠'는 1950년, 만화 배급사 유나이티드픽처스와 함께 만화를 만들기 시작하면서 비로소 세상에 나오게 되었어요. '피너츠'는 연재되자마자 곧 인기를 끌기 시작했어요. 사람들은 '피너츠'에 나오는 별 볼일 없지만 따뜻한 정을 느낄 수 있는 캐릭터들을 사랑했어요. 찰스 슐츠는 1950년부터 시작해 사망하기 직전까지 반세기 동안 '피너츠'를 연재했어요. 별 볼일 없던 사람, 있으나 마나 한 사람, 있어도 그 존재를 알 수 없었던 외톨이 찰스 슐츠. 그러나 그는 자신의 꿈을 이루었고, 그 꿈을 이루는 과정에서 행복한 사람이 될 수 있었답니다.

'피너츠'와 친구들

'피너츠'에는 꼬마 찰리 브라운과 그의 애완견 스누피 그리고 찰리 브라운의 동생, 친구 등 다양한 캐릭터가 나와요. 이들은 귀여운 겉모습과는 아주 다른 모습을 보여 줘요. '피너츠'의 주인공인 찰리 브라운은 야구를 무척 좋아해요. 찰리는 작가처럼 지극히 평범한 아이로 세상 모든 어린이를 대표하고 있어요. 찰리 브라운의 애완견 스누피는 찰리와 친구처럼 지내며 인생과 철학에 대해 논하는 아주 엉뚱하고 황당한 강아지예요. 스누피에게는 단짝 친구 우드스톡이 있어요.

찰리에게는 동생 샐리가 있는데 샐리는 찰리의 친구인 라이너스를 짝사랑해요. 라이너스는 아기처럼 항상 담요를 가지고 다니며 손가락을 빨지요. '피너츠'에는 샐리 말고도 누군가를 짝사랑하는 친구들이 있어요. 찰리 브라운을 짝사랑하는 패티와 마시, 슈로더를 짝사랑하는 루시가 그들이에요. 그리고 찰리 브라운의 좋은 상담 친구인 프랭클린도 있지요. 이처럼 사랑스러운 캐릭터들은 '피너츠'의 최고의 인기 비결이 아니었을까요?

'피너츠'가 세운 기록들

1950년 10월 2일 세상에 처음으로 등장한 '피너츠'. 50년에 걸쳐 오랜 세월 동안 연재를 계속하다 2000년 2월 13일 대단원의 막을 내렸어요.(이날은 작가가 죽은 바로 다음 날이에요.) '피너츠'의 인기는 말할 수 없을 정도로 대단했어요. '피너츠'는 〈타임〉, 〈라이프〉 등 수많은 유명 잡지의 표지 모델을 했던 것은 물론이고, 세계 각국으로 수출되기까지 했어요. 또 '피너츠'는 누구도 깨기 힘든 기록을 가진 것으로도 유명해요. 1984년 누적 연재 횟수 1만 8000회가 넘은 것으로 〈기네스북〉에 올랐으며, 1969년에는 유인 우주 탐사선 아폴로 10호의 사령선에 '찰리 브라운'이, 달 착륙선에 '스누피'라는 이름이 붙여지기도 했어요.

'피너츠'를 그린 찰스 슐츠는 수많은 상을 받았고, '피너츠'의 등장인물들로 만든 캐릭터 상품도 셀 수 없을 정도로 많지요. 또 뮤지컬과 영화, 애니메이션 등으로 만들어졌을 뿐 아니라 테마파크와 박물관도 만들어졌답니다.

11. 눈부신 그림, 〈그랑드 자트 섬의 일요일 오후〉

★ 빛을 표현하는 점묘법의 창시자, 조르주 쇠라

"빛을 그림으로 표현하려면 어떻게 해야 할까?"
19세기 프랑스의 화가 조르주 쇠라는 빛을 그림에 담으려고 노력했다.
한 가지 빛깔을 내기 위해 수많은 점을 찍으며 빛에 매달렸다.
그래서 탄생한 한 편의 명작, 그 명작을 감상해 보자.

앞의 그림을 보자.

1800년대 후반,

파리의 어느 섬을 그린 그림이다.

'그랑드 자트 섬의 일요일 오후'

어떤 느낌이 드는가?

 앞의 그림에서 느껴지는 특이한 점은 무엇인가요?

이 그림에서는
환한 빛이 느껴진다.

햇살 알갱이들이 무수히
부서져 내리는 느낌

그리고
화사한 햇살에 바싹 마른 한낮의 느낌

그림을 더 자세히 보면

혼자 낚시 중인 여인,
원숭이와 산책하는 숙녀,
강물에 고정된 사람들의 시선
그 가운데
똑바로 정면을 응시하는 아이.

자연스럽지 않은 표정과 몸짓 등
이상한 점이 많다.

이 그림이 발표되었을 당시
사람들은 이렇게 외쳤다.

"모든 것이 다 수수께끼다!"

세상에 나오자마자
사람들을 놀라게 했던

그랑드 자트 섬 : 프랑스 파리
근교의 센 강 주변에 위치한 섬

'그랑드 자트 섬의 일요일 오후'

무려 2년 동안이나
무수히 많은 점을 찍어
완성한 그림 속에서

평화롭고 여유롭게
일요일 오후를 보내는 사람들.

하지만
그들은 하나같이 정지된 마네킹 같다.
왜?

사람들은 모두
움직임도 없고 표정도 없다.

뭔가 부자연스럽게 짜여진,
연출된 장면 같은 느낌이다.

마치
개성도 없고
취향도 없이
유행만 좇는
사람들을 비꼬는 듯하다.

그 사이에서 빛나는 것은
가로 3m
세로 2m
커다란 화폭 위의

수백만 개의 점

숙녀의 붉은빛 모자를 만든 점
소녀의 갈색 머리를 만든 점.

치밀하게 색을 계산해서
점을 찍어 나간 화가
조르주 쇠라

또렷하지 않은 표정과
부자연스러운 움직임으로 나타나는

어떤 화가도 시도한 적 없는
수백만 개의 점.

그 점이
좇았던 단 하나는
바로
빛.

조르주 쇠라(1859~1891) : 프랑스의
화가. 신인상주의의 창시자

신인상파 : 작은 점들을 찍어 사물을
그리던 화가의 한 갈래. 점묘파

조르주 쇠라의 그림은

신인상파 그림 중

가장 화사한 빛을 담고 있다.

32세의 짧은 생을 살았지만

무수한 점을 찍어

그림을 그리는

점묘법을 만들어 낸

조르주 쇠라는

새로운 예술 방식으로

미술계에 빛을 주었다.

조르주 쇠라

조르주 쇠라(Georges Seurat, 1859~1891)는 프랑스 파리의 중산층 가정에서 태어났어요. 그의 아버지는 법원 집행관이었는데 가정적이기보다는 늘 혼자 있는 시간을 즐기는 사람이었어요. 그런 성격이 쇠라에게도 전해졌는지 그는 사람들과 어울리기보다 늘 혼자 있는 것을 좋아했어요. 항상 규칙적으로 생활했으며, 열

정적이고 격정적인 삶을 살았던 다른 예술가들과는 달리 아주 차분했지요.

쇠라는 일반적인 그림 스타일과 다른 그림을 그렸어요. 선이나 면이 아니라 점을 활용해 그림을 그린 거예요. 이것을 점묘법이라고 해요. 쇠라는 점묘법으로 그린 그림 중 처음 '아스니에르에서 물놀이하는 사람들'이란 작품을 내놓았어요. 그런데 사람들은 이상한 그림이라고 혹평을 했어요. 하지만 점묘법에 매력을 느끼고 공감하는 화가들도 생겨 동지들을 얻게 되었어요. 쇠라는 그들과 함께 빛과 색을 과학적으로 탐구해 가며 그림을 그렸지요.

그리고 1886년에 자신의 대표작이자 점묘법의 대표작이라 할 수 있는 '그랑드자트 섬의 일요일 오후'를 세상에 내놓았어요. 하지만 이 역시도 사람들은 어색하고 부자연스러운 그림이라고 비난했지요. 그러나 당시 인기 잡지인 〈보그〉에 호평이 실리자 젊은 쇠라는 단숨에 유명세를 타게 되었어요.

하지만 안타깝게도 조르주 쇠라는 그림을 완성한 5년 뒤인 1891년에 병으로 숨을 거두고 말았어요. 그는 당시 사람들에게는 널리 인정받지 못했지만 현재까지 남과 다른 획기적인 생각으로 새로운 예술 방식을 만들어 낸 선구적인 화가로 기억되고 있답니다.

'점묘법'이 미술에 끼친 영향

쇠라가 점묘법을 활용해 그린 그림들은 '그림은 선으로 그려야 한다.'는 미술의 고정 관념과 관습을 깬 작품들이에요. 그래서 일반 사람들은 경악하고 비판했어요. 하지만 새로운 그림을 추구하던 화가들은 열광했지요. 쇠라의 점묘법을 활용하면 최고의 빛을 화폭에 담을 수 있었기 때문이에요. 점묘법은 누가 그렸는지 구별하기 힘들 만큼 개성이 없고 생동감이 없다는 지적이 있었지만, 마티스, 피카소, 칸딘스키 같은 화가들에게 큰 영향을 주었답니다.

점묘법에서는 빛을 어떻게 표현할까?

쇠라는 왜 점을 찍어서 그림을 그렸을까요? 물감을 섞을 경우에는 색이 점점 탁해져서 밝은 빛을 표현하기 어려웠기 때문이에요. 쇠라는 빛을 표현하기 위해 과학적으로 연구를 하다가, 색이 섞이면 물감은 검정색이 되는 데 비해 빛은 흰색이 된다는 사실을 알게 됐어요. 그래서 보다 빛나는 색채를 얻기 원했던 쇠라는 물감을 팔레트에서 섞지 않고 점을 찍은 후 보는 사람의 눈에서 색이 섞이게 했어요. 수많은 순색의 점들이 눈에 도달하는 과정에서 혼합되어 밝고 부드러운 중간색 톤으로 보이도록 하는 거예요.

예를 들면, 보라색은 일반적으로 빨간색과 파란색을 섞어서 만들어요. 그런데 점묘법에서는 두 색의 물감을 팔레트에서 섞지 않고 캔버스에 작은 점으로 찍어요. 수없이 많이 찍은 빨강과 파랑의 점들은 망막에서 혼합되어 보라색으로 보이는 거예요. 이렇게 시각적으로 혼합되는 보라색은 물감끼리 섞은 색보다 훨씬 더 밝고 선명하게 보여요. 그래서 쇠라의 그림은 전체적으로 화사하고 투명하게 느껴지지요. 점묘법의 원리는 점이 모이면 색이 되고 조화를 이룬다는 거예요. 이런 방식은 당시 순간의 빛을 포착해서 그림을 그리던 인상파 화가들과 차이를 보였어요.

12

제주도의 화가 이중섭,
〈소, 닭, 아이 그리고 가족〉

★ 불운한 삶 속에서 예술혼을 꽃피운 화가

대한민국 근대 미술을 대표하는 화가, 이중섭.
평생 동안 자신이 보고 겪은 것들 가운데 마음속에 들어온
몇 가지 주제로만 그림을 그렸던 화가.
그의 삶과 그의 작품에 대해 알아보자.

소를 그린 화가
이중섭

그는
손바닥만 한 공간만 있으면
언제
어느 곳에서나
그림을 그렸다.

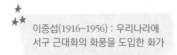
이중섭(1916~1956) : 우리나라에
서구 근대화의 화풍을 도입한 화가

 이중섭이 그린 소를 보면 어떤 느낌이 드나요?

이중섭은
어릴 때부터
소 그리기를 아주 좋아했다.

"커다란 눈을
들여다보고 있으면 그저 행복했다."

모든 것을 눈으로 말하는 소
거짓말을 할 줄 모르는
검은 눈동자를 지닌
소.

소를 더 잘 그리고 싶었던 이중섭은
그림 공부를 위해 유학을 결심한다.

그리고 21세에
이중섭은 일본으로 건너갔다.

그곳에서 그림 공부를 하다
일본인 여성 마사코를 만나게 된 이중섭

나중에 우리나라로 돌아와
결혼을 하게 된다.

신혼집 마당에서 마사코가 키운 '닭'은
'소' 그림에 이어 내가 그릴 수 있는
익숙한 '내'가 되었다.
_(이중섭)

그런데 1946년 첫아이가 죽자
그때부터 이중섭은
하루에 수십 장씩 아이 그림을 그린다.

눈을 감고
꿈꾸는 듯한 표정으로 복숭아를 따는 아이,
발가락을 간질이는 아이,
방긋 웃으며 맨손으로 물고기를 잡는 아이,
개에게 고추를 물린 아이.

"나는 아이가 가는 천당 길이 홀로 심심할까 봐
또래 꼬마들을 그려 주었다."

이후 피란 생활을 하던 1951년
두 사람이 누우면 꽉 차는 방에서 그린
'가족'

"피란을 간 제주도에서
네 식구가 단란하게 살았던 10개월 동안은
내 생애 마지막으로 행복한 시간이었다."

먹을 것이 부족해서 날마다 바닷가에 나가
게를 잡아먹었는데 그 게들의 넋을 달래기 위해
게를 그린다고 말하곤 했습니다.
_(마사코, 이중섭의 부인)

그와 함께 오랫동안 숨 쉬며 살았던 것들은
그의 손을 거쳐 그림이 되었다.

그러나 1952년
아내와 두 아들이 일본으로 떠났다.

오랜 기다림 끝에 보내는 편지에는
아빠가 엄마와 아이들을 소달구지에 태우고
황소를 끌고 따뜻한 남쪽 나라로
가는 그림을 그렸다.

곁에 없는 가족을 그린
'길 떠나는 가족'은
그가 그릴 수 있는 마지막 가족 그림이 되었다.

"그림은 내게 있어서 나를 말하는 수단밖에
다른 것이 될 수 없다."

소
닭
아이
게
그리고 가족

그가 세상에서 그릴 수 있는 그림은
그리 많지 않았다.

그가 하고 싶은 말,
그의 삶,
그가 아는 것,
그가 바라는 것만이
그의 그림이 되었다.

한국의 고흐, 이중섭

이중섭(1916~1956)은 평안남도 평원군에서 매우 부유한 대지주의 삼 남매 중 막
내로 태어났어요. 형과는 열한 살, 누나와는 열 살 차이가 나는 막내아들로 많
은 사랑을 받고 자랐지요. 그러나 4세 때 아버지가 돌아가시는 슬픔을 겪게 돼
요. 이중섭은 어려서부터 사과 같은 것을 주면 우선 그림을 그리고 나서 먹을
정도로 그림 그리기를 좋아했어요. 그러다 오산고등보통학교에 다닐 때 스승
임용련을 만나 크게 영향을 받았어요. 임용련은 미국으로 유학 가서 미술을
공부하고 프랑스에서 작품 활동을 했던 당시 흔치 않은 서양화가였어요.

그를 통해 자유로운 서양 미술에 눈을 뜬 이중섭은 당시 많은 지식인이 그랬
듯이 미술을 배우기 위해 일본으로 유학을 갔어요. 그리고 얼마 지나지 않아
공모전에서 수상을 해 주목을 받았어요. 그 당시 이중섭은 소를 주제로 한 그
림을 많이 그렸어요. 이중섭은 1943년 유학을 마치고 우리나라로 돌아왔어요.
그리고 일본 유학 시절에 만난 일본인 후배이자 사랑하는 연인인 마사코가 홀
로 조선으로 건너와 1945년에 결혼을 했지요. 이때 마사코는 이남덕으로 이름
을 바꿨어요.

얼마 후, 한국 전쟁이 터지고 말았어요. 북한 지역에 살던 이중섭은 남한으로

내려와 부산, 제주, 통영, 진주, 대구 등지로 피란을 다니
며 그림을 그렸어요. 이때는 모두가 다 어려운 시절이었
지요. 1952년, 어려운 생활을 견디지 못하고 부인이 두 아
들을 데리고 일본으로 돌아갔어요. 이후 그는 늘 외롭게
살면서 부인과 아들들을 그리워했어요.

하지만 그림 그리기를 멈추지 않았던 이중섭은 1955년에 미도파 화랑에서 개인전을 열었어요. 전시회는 성공적이었고 많은 사람들이 이중섭의 그림을 좋아했어요. 하지만 팔린 그림 값을 떼이는 등 예기치 못한 사건으로 크게 실망하고 좌절하지요. 이중섭의 마음에는 일본으로 건너간 가족에 대한 그리움과 예술인으로 감당해야 하는 좌절감 등이 커져 갔어요.

마음의 병이 깊어진 이중섭은 정신 분열 증세를 보이기 시작했어요. 몸과 마음이 모두 쇠약해진 그는 결국 1956년 9월 6일 서울 적십자병원에서 홀로 세상을 떠났어요. 그때 그는 겨우 40세였지요.

부유한 집안의 막내아들로 태어나서 일본 유학까지 했지만 일제 강점기와 한국 전쟁을 겪으며 힘겹게 살아온 이중섭. 그러나 그는 살아 있는 동안 힘찬 소와 행복한 어린이들을 그렸고, 오늘날 한국의 고흐이자 천재 화가로 인정을 받고 있어요. 그의 삶은 외롭고 불행했지만 늘 행복을 꿈꾸는 이상적인 사람, 어린아이와 같은 사람이었답니다.

이중섭이 그린 것들

이중섭은 소를 많이 그렸어요. 원산과 서귀포에서 소를 관찰하다가 소도둑으로 몰린 적이 있을 정도로 소에 관심이 많아 끊임없이 소를 관찰했어요. 그에게 소는 그저 해맑은 눈을 가진 소가 아니라 일제 강점기와 한국 전쟁 등 시대의 아픔과 개인의 슬픔 등이 담겨 있는 동물이에요. 어떤 사람들은 이중섭의 소가 그의 어머니를 뜻한다고도 말해요. 어려운 시절, 남편 없이 아이 셋을 길러 낸 그의 어머니를 말이에요. 또 어떤 이들은 소가 이중섭 자신이라고도 해요. 이중섭의 소는 아주 강력한 터치로 그려져 있는데, 그것은 그의 절망과 슬픔이고 또 그것을 이겨 내려는 듯한 몸부림이고 그가 갖고 싶었던 희망이고 힘이었을 거라고요.

소 이후로 이중섭이 그린 것은 '닭'과 '게'와 '아이들'이에요. 특히 종이를 구할
수 없어 담배 종이에 그린 은지화에는 아이들이 물고기와 어우러져 노는 장면
이나 가족들의 단란한 모습이 마치 살아 있는 듯이 묘사되어 있어요.

이렇게 모여 있는 아이들의 그림을 '군동화'라고 해요. 현재 남아 있는 이중섭
의 군동화는 3점인데 이 그림을 보는 어른들은 어린 시절이 떠올라 쉽게 웃음
이 나온다고 해요. 보는 이에게 즐거움을 주는 그림이지요.

담뱃갑 속 은종이에 그린 은지화

은지화는 담뱃갑 속에 든 은종이에 그린 그림이에요. 은종이를 펴서 송곳이나
나무 펜으로 종이가 찢어지지 않을 정도로 눌러 윤곽선을 그린 후, 검정색이
나 흑갈색의 물감이나 먹물을 솜, 헝겊으로 문질러 선을 도드라지게 보이도록
그렸어요. 그런데 담뱃갑 속에 들어 있는 은종이다 보니 뜯겨지고 구겨진 상
태로 구해질 때가 많았겠지요? 놀랍게도 이중섭은 이 구겨진 자국이 작품 속
에 자연스럽게 녹아들게 그림을 그렸어요.

은종이에 그림을 그리는 것은 쉽지 않은 일이었어요. 그런데 이중섭은 왜 하
필 담뱃갑 속에 든 종이에 그림을 그렸을까요? 그것은 아마도 전쟁으로 피란
을 다닐 때 그림 그릴 재료가 부족했기 때문일 거라고 해요. 그림을 그리고 싶
어 우연히 담뱃갑 속의 종이에 그림을 그리기 시작한 것이 아닐까 추측되고
있어요.

은지화에 가장 많이 그린 것은 그가 늘 그리워하던 아이들이 물고기와 어우러
져 노는 장면이나 단란한 가족의 모습이에요. 이 그림들은 작은 그림이지만
선이 자유롭고 경쾌하게 살아 있어 상당한 매력을 가지고 있어요. 그래서 이
중섭의 은지화 3점은 그림의 내용과 독특한 재료의 개발이라는 점에서 그 독
창성을 인정받아 현재 뉴욕 현대미술관(MoMA)에 소장되어 있어요.

제주도 이중섭 거리와 이중섭 미술관

제주도 서귀포시 정방 폭포 근처에는 이중섭 미술관이 있어요. 이중섭이 가족과 살았던 집, 이중섭이 산책하던 산책로, 이중섭을 기념하기 위한 거리 등도 있지요. 이중섭이 가족과 살았던 집은 바다가 훤히 내려다보이는 아름다운 곳이었지만 방이 아주 작았어요. 이토록 작은 방에 네 식구가 산다는 것이 가능했을까 싶을 정도로 좁은 방이지요. 그 방에서 네 가족은 꼭 붙어서 서로의 숨소리를 느끼며 살았어요. 그리고 먹을 것도 늘 부족했어요. 쑥 등을 캐거나 바닷가로 나가 게를 잡아먹으며 견뎌야 했어요.

이중섭은 어머니가 초상화를 그려 달라고 할 때도 다음으로 미룰 정도로 일반 초상화는 그리지 않았어요. 그런데 작은 방을 내준 집주인에게는 초상화를 선뜻 그려 주었대요. 가족이 함께 살 수 있도록 해 준 것에 고마운 마음을 표시하기 위해 붓을 들었던 것이지요.

1997년, 이중섭의 부인 이남덕 여사가 서귀포에 온 일이 있었어요. 예전에 살던 집을 복원하는 행사가 있었기 때문이에요. 제주도에서의 추억을 되새길 수 있는 이곳저곳과 그 당시 알고 지냈던 사람을 만나 본 이남덕 여사는 "시댁 식구들을 벗어나 달랑 네 식구만 남고 보니 소꿉장난처럼 행복한 순간도 있었다."라는 말로 그 시절을 회상했대요. 일 년이 채 안 되는 짧은 제주도에서의 생활은 언제나 행복한 시절이었다고요. 반찬 없이 밥을 먹어도, 고구마를 삶아 허기를 채웠어도 가족이 함께 있었기에 행복한 것이었지요.

이중섭의 인생에서 행복했던 마지막 시절인 제주도 서귀포에서의 생활, 그래서인지 그때의 그림들은 모두 따뜻하고 웃음이 묻어나 있어요. 즐겁고 포근한 느낌이 전해진답니다.

13

영혼과 한을 담아 발을 구른다, 〈플라멩코〉

★ 플라멩코에 담긴 집시들의 열정과 한 그리고 예술혼

일정한 거주지 없이 떠돌아다니는 생활을 하지만
쾌활하고 음악에 뛰어난 재능을 보이는 집시들.
이들이 오랜 세월 핍박을 받으며 애환을 담아 추었던 춤,
플라멩코에 대해 알아보자.

전통적인 서양 춤은
하늘을 향한 움직임

높이 더 높이
솟아올라 날고 싶은
하늘을 향한 몸짓이다.

그러나
땅을 향하는
땅과 하나가 되려 하는 춤이 있다.

그것은
집시들의 춤
플라멩코.

집시 : 인도 북부에서 이동을 시작해 유럽 등 전 세계에 흩어져 살고 있는 유랑 민족

플라멩코 : 에스파냐 남부에서 전해 오는 민요와 춤. 손뼉을 치거나 발을 구르는 격렬한 리듬과 동작이 특징이다.

 신 나게 발을 구르며 춤을 춰 본 적이 있나요?

15세기
한 무리의 이방인들이
에스파냐에 도착했다.

이방인 : 다른 나라에서
온 사람

낯선 언어
낯선 옷차림

그들을 둘러싼 소문
"사기꾼, 도둑, 악마."

당시 에스파냐의 이사벨 여왕과 페르난도 왕은
'유랑 생활 금지' 조치를 내렸다.

이방인의 언어 금지
이방인의 의상 금지
이방인의 종교 금지
천주교 강요

★
★★ 이사벨 1세와 페르난도 2세 : 여왕은
1474년부터 에스파냐를 다스렸으며,
왕과 결혼 후 재위 기간에 에스파냐 통일을
이루었다. 천주교 국가를 만들려고 했다.

★
★★ 유랑 생활 : 한곳에 정착하지
않고 떠돌아다니는 생활

이를 따르지 않으면?

매질
노예형
사형

박해와 멸시를 피해
도망치고 도망쳐
겨우 도착한
에스파냐 남부 안달루시아

동굴 속에
피신처를 마련한
집시들.

한곳에 뿌리내리지 못하고
누구에게도 환영받지 못하는 삶

그들 중 하나가
울부짖는다.

'어두운 밤 새벽 두 시에
사랑하는 어머니를 소리쳐 불렀네.
그러나 어머니는 대답이 없었다네.'

그 노래에 맞춰
여인들이
두 발을 딛고 선다.

모든 에너지를
집중해
발을 구른다.

그곳, 땅을 향해
발을 구른다.

더 빠르게, 더 격렬하게
발을 구르다 어느 순간,

두엔데!

두엔데(duende) : 영혼의
폭발을 체험하는 순간

땅과 하나가 되는
영혼의 폭발을 체험한다.

이 지상의 어머니가 되고
땅과 하나가 되는 순간을 동경한다.

_(로레나 마론너, 플라멩코 댄서)

하늘을 향한 춤이 아닌,
땅과 하나가 되기 위한,
땅을 향한 춤

플라멩코.

한 번도
뿌리내리지 못한 그곳,
땅을 향한 몸부림.

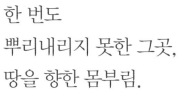

플라멩코는 어떻게 시작되었을까?

길고 긴 떠돌이 생활, 사람들의 박해로 인해 지쳐 버린 삶을 에스파냐 남부의
뜨거운 햇살 아래 내려놓았던 집시들. 그들의 깊은 한이 담긴 춤 플라멩코는
그들의 한만큼이나 강렬하고 열정적인 예술이에요.

플라멩코는 보통 집시들의 춤이라고 알려져 있어요. 하지만 집시만의 춤이라
고 하기는 어려워요. 1492년 에스파냐 정부가 종교를 천주교로 통일시키자 에
스파냐에 살고 있던 무어 인(에스파냐를 지배했던 이슬람 인)과 유태인들, 집시들이
종교적인 박해를 피해 안달루시아 지방의 산악 지대나 동굴로 숨어들었어요.
이들은 동굴 속에서 자신들의 슬픔과 고통과 한 그리고 그 누구도 구속할 수
없는 자신들의 자유를 음악과 춤으로 풀어 냈어요. 이들이 만들어 낸 음악과
춤이 바로 플라멩코예요. 그래서 지금도 스페인에 가면 동굴 공연장에서 플라
멩코 공연이 펼쳐지고 있어요.

집시들은 음악에 천부적인 재능이 있다고 해요. 집시들은 유랑 생활을 통해
그들이 지나온 지역의 음악을 흡수해서 또 다른 지역에 전파했어요. 한마디로
집시들은 음악의 전파자였어요. 하지만 그들은 단순히 음악을 있는 그대로 흡
수하지 않았어요. 그 음악에 자신들의 독특한 감성을 불어넣어 새로운 음악을
만들었어요. 그것은 어디에서도 환영받지 못한 삶을 살아온 그들만이 가진 한
의 정서예요. 특히 플라멩코에 그런 정서가 가장 잘 담겨 있어요.

플라멩코는 주로 공연을 하는 집단이나 공동체, 가정을 통해 전해 내려왔어
요. 어머니가 자녀들에게 가르쳐 주고, 자녀들은 어려서부터 공연에 참가하는
방식으로 이어져 왔지요.

두엔데, 그 특별함에 대하여

두엔데(duende)는 특별한 경지에 이른 플라멩코 예술가가 경험할 수 있는, 어떤 황홀한 순간 맛보는 특별한 절정의 정서적 상태를 말해요. 플라멩코에 깊이 빠져 있을 때, 두 발을 딛고 선 땅의 깊은 곳에서 끓어 올라오는 것 같은 특별한 감정이 예술가의 영혼을 흔들며 절정에 도달하게 된대요. 두엔데는 에스파냐 집시들과 무어 인들의 깊은 한, 안달루시아 사람들의 열정이 잘 혼합된 것으로 플라멩코의 예술혼이 높은 경지에 이른 상태라고 할 수 있어요.

집시들에 대하여

집시가 언제, 어디에서 시작되었는지 그 기원은 아직까지도 정확하지 않아요. 하지만 보통은 집시들의 최초 출신지가 인도일 거라고 생각해요. 인도의 신분 제도인 카스트 때문에 자유를 찾아 유랑하는 낮은 계층의 사람들 중에서 집시가 생겨났다고도 하지요. 어찌 되었든 이들은 히말라야 산맥에 이어지는 산이나 평야에서 살다가 세계 각지로 떠돌아다니기 시작했어요. 집시를 가리키는 말은 참으로 다양해요. 영국에서는 처음 집시가 이집트에서 온 것으로 잘못 알고 이집트 인이라고 했대요. 이 말이 변형되면서 집시가 되었고, 프랑스에서는 보헤미안, 북유럽에서는 사라센 인, 독일에서는 치고이너 등으로 불렸어요. 이들은 자유를 찾아 유랑을 했기 때문에 의식주에 있어서도 자유를 추구하고, 화려하고 자유분방한 자신들만의 색깔을 지켜 가고 있어요.

유랑 생활의 슬픔이나 외로움을 달래기 위해서인지 언제나 춤과 노래를 즐겼는데 그 음악성은 가히 천재적이었다고 해요. 그들의 춤과 노래의 중심이 바로 플라멩코예요.

깨어 있는 생각, 커다란 변화

세상을
일깨우다

14 사회 참여는 예술가의 책임, 〈나는 피카소다〉

★ "예술가에게도 사회적 책임은 있다."

예술가는 사회 문제와 관계가 없다고 생각하기 쉽다.
하지만 피카소는 '예술가는 하나의 정치적 인물'이라고 말했다.
예술가는 예술로 사회를 이야기하고 지켜 나가야 할 책임이
있다고 말한 피카소는 어떤 일을 했는지 알아보자.

그림을 잘 모르는 사람도

예술에 관심이 없는 사람도

대부분 알고 있는 이름

피카소.

그런데 정작 우리는

피카소에 대해

얼마나 알고 있을까?

그의

대표작들은 어떤 그림일까?

파블로 피카소(1881~1973) : 에스파냐
출생의 화가. 입체주의를 창시하고
평화 옹호 운동에 적극적으로 참여했다.

 피카소에 대해서 알고 있는 것은 무엇인가요?

그의 대표작
'게르니카'

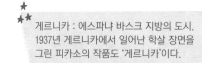
게르니카 : 에스파냐 바스크 지방의 도시.
1937년 게르니카에서 일어난 학살 장면을
그린 피카소의 작품도 '게르니카'이다.

게르니카는 실재 존재했던

에스파냐의 작은 도시 이름으로,

그림은

그곳에서 일어났던 대학살 장면을 담고 있다.

1937년 내전에 휩싸인

피카소의 조국, 에스파냐.

에스파냐의 작고 평화로운 도시 게르니카에

수십 톤의 폭탄이

무자비하게 떨어졌다.

수많은 사람들이
비참하게 죽고 부상당한

게르니카 대학살

학살 현장은 너무도 처참했다.

영문도 모른 채 죽어 간 사람들
아기를 안고 절규하는 엄마,
온몸을 관통한 창에 고통스러워하는 말,
폭격당한 집에서 뛰쳐나오는 여자들,
공포에 질린 잿빛 도시.

그런데
폭격의 이유는?

독일 나치의 무기 테스트.

피카소는 침묵하지 않았다.

"어릴 적 어머니가 제게 말씀하셨어요.
'네가 자라서 군인이 된다면 장군이 되고,
수도사가 된다면 교황이 되어라.'
하지만 저는 화가가 되었습니다.

여러분은 눈만 가지고 있으면 화가가 되고
귀만 있으면 음악가가 되고
가슴속에 하프만 가지고 있으면
시인이 된다고 생각하십니까?

천만에요.
그 정반대입니다.

예술가는 하나의
정치적 인물입니다.

비극이 터지던 그 순간부터
저는 '게르니카'를 그렸습니다.
그것은 비극이었고, 인류에게 큰 충격을 준
사건이었기 때문입니다."

그리고 피카소는 1951년
'한국에서의 학살'이라는 이름으로
한국 전쟁의 잔혹한 모습도 그렸다.

그는 왜
이런 그림들을 그렸을까?

"어떻게 예술가가 다른 사람들의 일에
무관심할 수 있습니까?
회화는 집이나 치장하기 위해
존재하는 게 아닙니다."

회화 : 여러 가지 선이나 색채로
평면에 형상을 그려낸 그림

분노를 일으키는 현실의 실상을
그림으로 그려서
사회적 책임을 다하려고 했던 피카소
이러한 그의 그림들은 그 어떤 목소리보다
더 큰 영향력을 발휘한다.

2003년 이라크전이 일어나자
'게르니카'는 다시 살아났다.

전쟁에 반대 목소리를 내던 사람들이
'게르니카' 그림을 들고 시위에 나선 것이다.

"회화는 적과 싸우며 공격과 수비를 행하는
하나의 전투 무기입니다."

피카소는
그림으로 전쟁과 싸웠으며
그림으로 잘못된 사회와 맞섰다.

파블로 피카소

파블로 피카소(Pablo Picasso, 1881~1973)는 에스파냐 말라가에서 태어난 천재 화가로 프랑스에서 미술 활동을 했어요. 어릴 때 아버지로부터 그림을 배운 피카소는 그림을 그리는 데 뛰어난 재능을 보였어요. 바르셀로나와 마드리드에서 그림 공부를 하기도 했어요. 그러다 19세에 파리에 가서 모네, 르누아르와 같은 화가들과 어울리고 고갱, 고흐 등의 작품에 영향을 받으면서 본격적인 작품 활동을 하게 되었어요.

피카소의 초창기 그림은 매우 어두웠어요. 파리에 머물며 그림을 그리던 그는 프랑스 어를 잘 못해 힘들었고, 세계적인 도시 파리의 화려함 뒷면에 가려진 보통 사람들의 빈곤과 비참한 삶에 충격을 받았기 때문이에요. 대부분의 그림을 청색 계통으로만 그렸으며 옷조차도 청색 계열만 입을 정도였어요. 그러다 한 여인을 사랑하게 되면서 그의 그림은 우울한 청색을 벗어나 점점 밝아지기 시작했어요. 그 후 차츰 파리에서 인정받는 화가가 되었어요.

피카소는 기존의 화풍과 다른 방식으로 매우 독창적인 그림을 그렸어요. 그리고 그는 사회 문제에 대해서도 외면하지 않았어요. 그는 파리에서 거의 평생을 살았지만 조국 에스파냐를 항상 마음속에 생각하며 살았어요. 그래서 나치를 등에 업고 반란을 일으킨 사람들이 게르니카에 폭탄을 터뜨렸을 때 크게 분노했어요. 그리고 그 사건을 그림으로 기록하고 그들의 만행을 세상에 알렸지요. 그 후로도 전쟁에 대한 분노와 평화에 대한 메시지를 한국 전쟁을 주제로 한 그림 등에 담았어요. 20세기 현대 미술의 거장이며 대표적인 입체파 화가였던 피카소는 많은 작품을 남기고 92세에 세상을 떠났어요.

하나의 그림에 여러 시점을 보여 주는 '입체파'

오랜 세월 동안 사람들은, 대상을 최대한 있는 그대로 그린 그림이 좋은 그림이라고 생각했어요. 하지만 피카소는 "우리가 보는 것은 정확할까?" 하는 의문을 가졌어요. 그리고 파리에서 그림을 그릴 무렵부터 폴 세잔 같은 화가처럼 형태를 점점 단순화하는 그림을 그리기 시작했지요. 또 아프리카 흑인 조각의 영향을 받아 사람의 모습을 원통과 구, 기둥 등으로 단순화해 표현했어요.

그리고 눈에 보이는 대상을 수없이 분해하고 수많은 조각으로 나눠, 이를 여러 각도에서 보고 각각의 모습을 하나의 화면에 담으려고 했지요. 이것은 르네상스 이래 오랫동안 지속되어 온 단일 시점에 따른 원근법을 한 번에 무너뜨린 것이었어요. 이렇게 새로운 시각으로 입체적인 그림을 그린 피카소를 '입체파'의 창시자이며, 20세기 최고의 거장이라고 칭해요.

피카소의 대표작 '게르니카'

1937년에 그려진 '게르니카'는 전쟁의 공포와 잔혹성을 가장 잘 표현한 작품이라고 해요. 1936년 7월 에스파냐에서는 프랑코를 중심으로 한 반란군이 전쟁을 일으켰어요. 당시 프랑스에서 미술 활동을 하고 있던 피카소는 에스파냐 정부로부터 파리 만국 박람회의 에스파냐관을 위해 작품을 그려 줄 것을 부탁받은 상태였어요. 그런데 내전으로 인해 에스파냐는 전국이 큰 혼란에 휩싸였고 많은 사람들이 죽어 갔어요. 결국 독일의 히틀러와 이탈리아의 무솔리니 같은 독재자의 지원을 등에 업고 쿠데타를 일으킨 프랑코 장군이 세력을 잡기에 이르렀어요. 이 과정에서 프랑코 장군의 요청으로 독일 나치의 비행대가 에스파냐 바스크 지방의 소도시인 게르니카를 집중적으로 폭격했어요. 노인, 어린아이, 여자를 포함한 사망자가 엄청나게 많이 생겨났어요. 이에 분노한 피카소는 의뢰받은 그림의 주제로 게르니카의 참사를 채택해 그린 것이지요.

15 세상을 깨운 아주 특별한 그림, ⟨빨간 수묵화⟩

★ 조선 시대 양반의 권위 의식에 도전장을 내민 화가

법도를 따지고 체면을 앞세우며 점잖은 척 위선을 떠는
조선의 양반들에게 그들의 비행을 적나라하게 담은 그림으로
일격을 가했던 화가 신윤복.
그가 세상을 향해 어떤 이야기를 했는지 그림을 통해 살펴보자.

남녀가 유별했던
통행금지가 있었던 조선 시대

유별하다 : 다름이 있다.

화가는 붓끝으로
금지된 사랑을 나누는
연인의 마음을 그렸다.

통행금지 : 일정한 시간 동안
거리를 지나다니거나 집 밖에서
활동하는 것을 못하게 함.

충과 효, 예를 강조한
유교 시대에 그려진
남녀 간의 사랑

그것도 규정을 어긴 만남
그 순간을 포착한 대담한 그림

이 그림을 그린 화가는
도대체 누구일까?

 내가 조선 시대 화가였다면 어떤 그림을 그렸을까요?

그 화가는 당시 천대받던 여인들도 그렸다.

두 손으로 얌전히 여자에게
담배를 바치는 양반,
갓을 벗어 던지고
마부의 벙거지를 쓴 양반,
그 모습을 보며 기가 차서
터벅터벅 따라오는 마부.

★
★★ 벙거지 : 조선 시대 궁중 또는 양반집
군노나 하인이 쓰던 털로 만든 모자

그림 속의 조연은
한심한 양반들

대낮에
공부를 하거나
일을 하고 있어야 할 양반들이

법도를 따지며
체면을 앞세우며
하인들과 여자들을 억압하던
양반들이

향락에 눈멀어
술에 취해
법도도 체면도 다 날려 버리고

여인의 종이 되고
마부가 되어 있다.

★
★★ 향락 : 쾌락을 누림.

★
★★ 법도 : 생활상의 예법과 제도를
아울러 이르는 말

179

그리고
우리나라 회화 최초로 등장한
여자의 몸

야한 것 같으면서도
결코 저속한 느낌이 들지 않는 그림

양반들이 조연이라면
주인공은
바로

그때까지
그림의 주인공으로 등장한 적 없던
조선 시대 여자들.

기생들을

키득거리며 훔쳐보는

동자승이 자아내는 익살미

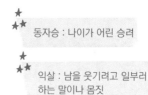

동자승 : 나이가 어린 승려

익살 : 남을 웃기려고 일부러
하는 말이나 몸짓

고양이 세수를 하고

목욕을 하는 기생들의 모습에서 드러나는

섬세하고 사실적인 묘사

노랑 저고리와 다홍치마의

강렬하고 화려한 색감으로 시선을

사로잡는 치밀한 계산.

이 놀라운 그림을 그린
화가에 대해
역사에 남은 기록은
단 두 줄.

근역서화징 : 삼국 시대부터 근대에 이르는
한국 서화가에 관한 기록을 총정리한 사전

신윤복(1758~ ?) : 조선 후기의
풍속화가. 풍속도를 많이 그렸음.

신윤복

자 입부, 호 혜원, 고령인, 첨사 신한평의 아들,
화원, 벼슬은 첨사, 풍속화를 잘 그렸다.

_《근역서화징》

금지된 사랑과 연인들을 넘어서
기존의 관습에
정면으로 맞선 그림을 그렸던 화가
신윤복

200년 전
화가 신윤복의
존재를 증명해 주는 것은

30여 점이 실린 풍속 화첩과
몇 점의 그림뿐.

★★ 화첩 : 그림을 모아 엮은 책

미스테리한 화가 신윤복
그러나
그는 세상을 깨운
조선의 몇 안 되는 화가였다.

시대를 앞서간 화가 신윤복

조선 시대의 뛰어난 화가 세 명을 알고 있나요? 단원, 혜원, 오원이라는 호를 가져 3원이라 불리는 김홍도, 신윤복, 장승업이에요. 그중 신윤복은 1758년, 대대로 왕궁에서 그림을 그리던 집안에서 태어났어요. 아버지 신한평은 영조와 정조의 초상화 작업에 참여했던 뛰어난 화가였어요. 신윤복은 아버지의 재능을 물려받아 어려서부터 그림에 소질이 있었고, 어린 나이에 궁에 들어가 그림에 관한 일을 맡아보던 도화서의 화원이 되어 그림을 그렸어요. 그는 도화서에서 만난 선배이자 당시 천재라고 불리던 김홍도로부터 큰 영향을 받았어요. 하지만 신윤복은 김홍도와는 확연히 차이가 나는, 자신만의 화풍을 개척하고 독특한 풍속화를 발전시켰어요.

그런데 집안도 훌륭하고 재능도 뛰어났던 신윤복의 생애에 대한 자료는 왜 전해지는 것이 없을까요? 자료가 없어 정확히 알 수는 없지만 그가 기존에 왕실 화원들이 그리던 고상한 산수화나 정물화를 그리는 대신 일반 평민들, 기생들 그리고 남녀 간의 정을 즐겨 그렸다는 이유로 도화서에서 쫓겨났다고 전해져요. 뿐만 아니라, 다양한 색채를 과감하게 사용한 것도 도화서의 미움을 받은 원인이 되었을 거라고 해요. 당시에는 색채를 화려하게 넣으면 천박하다는 관념이 있었는데 신윤복은 그런 관념에 얽매이지 않았지요.

신윤복은 남들이 다 그리는 그림을 그대로 답습해서 그리지 않았어요. 자유로운 영혼으로 자신이 그리고 싶은 것을 마음대로 그렸어요. 조선 시대의 생활을 엿볼 수 있는 그의 그림은 오늘날 뛰어난 묘사와 독특한 소재 등으로 높은 평가를 받고 있어요.

신윤복, 여자를 주인공으로 그림을 그리다

조선 시대는 남성 위주의 사회였어요. 여자들은 공부를 할 수 없었고 예술계에서도 받아들이지 않았어요. 그림의 주인공이 되는 것은 고사하고 그림에 등장하기도 어려웠어요. 그런데 신윤복은 그런 고정 관념과 관습을 깨고 여자를 주인공으로 내세운 그림을 그렸어요. 더욱이 조선 시대 가장 천한 신분에 속했던 기생을 많이 그렸어요. 어쩌면 양반집 여인들은 모두 담장 안에 갇혀 있기 때문에 쉽게 보고 그릴 수 있는 기생들을 그렸는지도 몰라요. 또 당시 기생들은 어느 정도 자유로운 환경 속에서 멋도 부리고 연애도 할 수 있었으니 그림 소재로는 매우 매력적이었을 거예요. 어찌 되었건 그의 그림은 섬세한 붓놀림, 세련된 감각, 강렬한 색채, 대담한 소재 등으로 조선 시대 풍속화를 그려 냈어요. 현대를 사는 우리들에게 조선 시대의 생활 모습과 의복 문화까지 알 수 있는 중요한 자료를 남겨 주었어요.

김홍도와 신윤복

조선 시대 쌍벽을 이루던 단원 김홍도와 혜원 신윤복. 두 사람은 도화서의 선배와 후배이면서 스승과 제자였고, 또 다정한 친구였어요. 그런데 김홍도와 신윤복의 그림은 같은 풍속화이지만 여러 면에서 큰 차이를 보였어요.

김홍도가 강한 선으로 빠르게 그림을 그렸다면, 신윤복은 가는 선으로 세밀하게 그림을 그렸어요. 김홍도는 배경을 거의 그리지 않은 반면, 신윤복은 세세하게 배경을 묘사했지요. 또 김홍도는 색을 거의 칠하지 않았지만, 신윤복은 빨강·노랑·파랑 등의 원색을 많이 사용했어요. 또 김홍도가 서민들의 삶을 즐겨 그리고 익살맞게 그렸다면, 신윤복은 양반들의 풍류나 남녀 간의 사랑과 같은 이야기들을 매우 화려하고 섬세하게 그렸어요. 그 안에 익살이 들어 있다는 점은 김홍도와 비슷하지요.

16 그림을 통해 세상을 이해한다, 〈이 순간을 보는 법〉

★ "잘 그리기 위해선 우선 잘 보아야 한다."

'그림을 그리는 것은 단순히 상황을 묘사하는 것이 아니라
인생의 순간을 만끽하는 방법이며, 세상을 잘 볼 수 있는
좋은 방법이다.'라고 주장한 존 러스킨.
그가 말했던 그림을 잘 그리는 방법을 알아보자.

영국의 미술 평론가 존 러스킨은
그림을 잘 그리지 못할지라도
그리는 것 자체가 중요하다고 말했다.

"그림을 전혀 그려 본 적이 없는데
어떻게 해야 그림을 그릴 수 있을까요?"

존 러스킨은 대답했다.
"잘 보아야 합니다."

존 러스킨(1819~1900) :
영국의 미술 평론가 ·
건축 평론가

'잘 보아야 한다.'는 말은
무슨 뜻일까?

 사물을 그릴 때, 주로 어떤 것을 자세히 관찰하나요?

19세기 후반
산업화 시대를 거치면서

물질이 매우 풍요로워지고
교통이 발달하면서

기차를 타고 일주일 만에
유럽을 다 둘러볼 수 있게 되자
여행자들은 열광했다.

이때 존 러스킨이 말했다.

"빨리 간다고 해서
더 잘 보는 것은 아니지 않은가.
진정으로 귀중한 것은
생각하고 보는 것이지 속도가 아닙니다."

그리고 그가 시작한
평범한 시민들을 위한 '미술 수업'.

그런데 데생을 가르치는 이 수업에서는
단지 잘 그리는 것보다
더 중요한 것을 가르쳤다.

데생 : 주로 선에 의하여
어떤 이미지를 그려 내는 기술

그가 생각한
중요한 것은 무엇이었을까?

존 러스킨은
사물을 관찰하는 방법을 가르쳤다.

나뭇가지!
자세히 보면, 나뭇가지의 끝은
튕겨 오르는 듯한 곡선이다.

돌!
자세히 보면, 돌의 색깔은
가장 밝은 부분에서
가장 어두운 부분까지 다 다르다.

잔디!
자세히 보면, 강렬한 햇빛 아래
잔디는 금빛 줄무늬가 드리워진
푸르스름한 녹색이다.

"오늘 우리가 스쳐 지나간
수많은 순간들

우연히 걸어 들어간 그곳에서
아름다운 이미지를
발견하고 간직할 수 있다면

우리는
아름다운 것의 아주 세밀한 부분까지
꿰뚫어 보게 될 것입니다.

여러분,
저는 단지 보는 방법을
가르치려 했다는 것을 잊지 마십시오."

그의 가르침에 따라
눈앞의 자연을 정확하게 보고,
왜 아름다운지에 대해 생각하는
사람들

그리고
그림을 그리는 손.

아주 잘 그리지 못하더라도
데생은 연습할 만한 가치가 있는 것이다.

그것이 우리에게
보는 방법을 가르쳐 주기 때문이다.

이 지구상에서 담장에 쌓아 올린 돌이나
바위, 나무의 결 모양이
같은 경우는 없다.
세상에는 늘 사람이 볼 수 있는 것보다
더 많은 것이 있다.
_(존 러스킨)

지금 여러분은
잘 보고 있습니까?

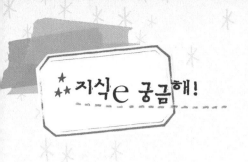
존 러스킨

존 러스킨(John Ruskin, 1819~1900)은 그림에 대해 자신의 의
견대로 평을 해 주는 미술 평론가예요. 그는 영국 런던에
서 태어났으며 아버지는 포도주 상인이었어요. 그는 어
려서부터 그림에 관심이 많았어요. 집안이 매우 부유했
던 그는 어릴 적 아버지를 따라 유럽의 많은 곳을 여행하면서 미술에 대한 견
문을 넓혔어요. 그리고 존 러스킨은 대학에서 문학을 공부했으며, 대학을 졸
업한 이듬해 풍경화가인 터너를 옹호하는 〈근대 화가론〉(5권, 1843~1860)을 쓰면
서 평론가의 길로 접어들었어요. 그 후로 〈베네치아의 돌〉, 〈건축의 일곱 개
램프〉 등 많은 평론서를 썼지요.

하지만 1860년 이후, 경제와 사회 문제에 새로운 관심을 갖게 되면서 사회 사
상가로 활동하기 시작했어요. 그는 이익만을 중요시 여기는 경제학을 비판했
어요. 경제보다 사랑, 생명, 정직이 더 중요하다는 인도주의적 경제학을 발표
했지요. 이익을 위한 다툼이 아니라 생명을 존중하고 서로 사랑하고 배려하는
마음이 우리의 삶을 더욱 풍성하게 만들 것이라는 주장이었지요. 그의 생각은
인도의 지도자 간디(Gandhi, 1869~1948)를 비롯해 많은 사람에게 새로운 깨달음을
주었어요.

'보는 것의 힘'을 보여 주는 러스킨의 데생

러스킨은 그림을 잘 그리려면 자연을 잘 관찰해야 한다고 했어요. 잘 관찰하

면 대상에 대해 잘 알게 되고, 잘 알게 되면 대상을 사랑하게 되고, 그렇게 되면 더 잘 그리고 표현할 수 있다는 말이었지요.

그래서 학생들을 가르칠 때에도 어떻게 그려야 하는지를 가르치기보다 선으로 대상을 표현하는 데생을 통해서 어떻게 자연을 사랑해야 하는지를 가르쳐 주고 싶어 했어요. 하늘을, 나뭇잎을, 구름을, 꽃을 사랑하는 방법을 말이에요. 변화하고 움직이는 대상을 자세히 관찰하고 진심으로 느끼고 감사하는 마음을 갖게 될 때, 예술뿐만 아니라 그 사람 자체도 성장한다고 강조했지요.

이렇게 러스킨은 늘 그림을 '그리는' 방법보다 사물을 '보는' 방법에 대해 이야기했어요. 그는 그림을 그리는 것은 세상을 이해하는 또 다른 방법이라고 생각했지요. 글을 쓰거나 악기를 연주하는 것도 마찬가지예요. 세상을 정확하게 관찰하고 그것을 자신의 경험과 생각으로 이해할 때 진정한 작품이 나온다는 거예요. 또 이를 통해 그림이나 글, 연주만 완성되는 것이 아니라 자연을, 세상을 사랑하게 된다는 것이지요. 러스킨의 데생 방법은 사물과 세상을 바라보는 '마음의 눈'을 키우는 데 초점을 맞추고 있지요.

시 '풀꽃'이 말하는 '자세히 보기'

'자세히 보아야 예쁘다.
 오래 보아야 사랑스럽다.
 너도 그렇다.'

시인 나태주의 '풀꽃'이라는 시예요. 이 시에서도 무엇이든 예쁘고 사랑스럽게 보고자 한다면 자세히 오래 보라고 주문하지요. 이 말에 공감하나요? 마음에 들지 않는 사람도 자세히 보면 좋은 점이 있어요. 우리는 너무 빨리 모든 것을 결론짓는 경향이 있어요. 좀 더 기다려 주고, 오랫동안 알아 간다면 좋은 점을 훨씬 더 많이 발견할 거예요. 서로서로 그렇게 봐 준다면 소중한 인연을 더 잘 만들며 멋진 삶을 살 수 있을 거예요.

17 누구의 노래일까? 〈사자가 오늘 밤 잠을 자네〉

★ 예술 작품의 주인이 갖게 되는 권리, 저작권

집과 가방과 옷에도 주인이 있듯이
음악과 미술 등 모든 예술 작품에도 주인이 있다.
유명한 노래 '사자가 오늘 밤 잠을 자네'가 나오기까지의 과정과
그 곡의 주인에 대한 이야기를 들어 보자.

'라이온 킹'을 비롯한
13개의 영화 배경 음악과

유명한 햄버거 회사의 광고 음악 등으로 사용된
노래

'The Lion Sleeps Tonight'
'사자가 오늘 밤 잠을 자네'

이 노래의 주인은 누구일까?
가수? 작곡가? 음반사?

생각해보기 가요를 녹음해 UCC에 올렸다면 노래의 주인은 누구일까요?

'사자가 오늘 밤 잠을 자네'는

로버트 존이
1971년 발표한 곡으로
빌보드 차트 3위에 오르며
음반이 무려 100만 장이 팔렸다.

로버트 존(1946~) : 미국 뉴욕 출신의 가수 겸 작곡가

그렇다면 그 노래는
로버트 존의 노래일까?

In the jungle the mighty jungle
The lion sleeps tonight~

그런데 알고 보니

이 곡은

1961년에 이미

그룹 더 토큰스가 발표한 것이었다.

더 토큰스 : 1960년대 미국에서
활동한 4인조 남성 보컬 그룹

1961년 12월 18일부터

3주 동안

빌보드 차트 1위를 기록했다.

빌보드 차트 : 미국의 음악 잡지
〈빌보드〉에서 매주 앨범과 싱글 성적을
합산해서 발표하는 차트

그렇다면 이 곡은

그룹 더 토큰스의 곡일까?

그러나

그룹 더 토큰스의 곡도 아니었다.

솔로몬 린다(1909~1962) : 남아프리카
공화국의 남성 가수 겸 작곡가

더 거슬러 올라가 보니

이 곡을 만든 사람은
남아프리카 공화국의 솔로몬 린다였다.

솔로몬 린다는
사자 무리를 쫓아내던 어린 시절을
떠올리며 노래를 만들었다.

이 곡의 원래 제목은
아프리카 줄루 어로 '사자'라는 뜻인
'음부베(Mbube)'.

줄루 어 : 남아프리카 공화국,
레소토, 말라위, 스와질란드, 모잠비크,
짐바브웨에서 쓰이는 언어

솔로몬 린다는
줄루 족의 전통 음악인
아 카펠라 형식으로 '음부베'를 만들고
1939년 발표했다.

음부베(Mbube) :
사자를 뜻하는 줄루 어

아 카펠라 : 반주 없는 합창

200

그 후,
1952년 미국의 '더 위버스'에 의해
'윔마에(Wimoweh)'로 발표된 음부베.
미국인에게 음부베가
윔마에로 들렸기 때문이다.

더 위버스(The Weavers) :
1950~1960년대 미국 뉴욕에서
활동한 4인조 포크 가수

'윔마에'는 빌보트 차트
15위를 기록한다.

그리고
그룹 더 토큰스가 1961년에
'The Lion Sleeps Tonight'이라는 제목으로 발표했고,
로버트 존이 1971년에 또다시
같은 제목으로 발표한 것이다.

그렇다면 이 곡의 주인은 누구일까?

이 곡의 주인은
바로 맨 처음 이 곡을 만든
솔로몬 린다.

따앙!!

하지만 그가 받은 저작권료는
한 달에 고작 87센트(약 900원).

그는 옥수수 죽으로 끼니를 이었고
1962년 그가 사망할 당시
통장 잔고는 22달러가 전부였다.

그 후 2000년이 되어서야
이 사실이 세상에 알려지게 되었다.

솔로몬 린다의 저작권은
어떻게 되었을까?

저작권료는
솔로몬 린다 에게

2004년 솔로몬 린다의 유족들은
이 노래의 사용권을 갖고 있는
음반사를 대상으로
저작권 소송을 냈다.

법원은 음반사에
1987년 이후 음원 사용에 대한
모든 저작권료를
솔로몬 린다의 유족에게
정당하게 지급하라고 판결했다.

공장에서 만들어진 물건을 살 때는
돈을 지불하는 것을 당연하게 여기면서

예술 작품에 대해서는
돈을 지불하지 않고 사용하려는 경우가 많다.

하지만
창작자가 시간과 노력을 들이고
능력을 발휘해 만든 예술 작품은
더욱 그 가치를 인정해 주고

그것을 사용하고 싶다면
반드시 돈을 지불해야 한다.

창작물이 만들어지면서
생겨나는 권리,
저작권

저작권 : 문학, 음악, 연극, 미술 작품의
내용과 형식의 복제·출판·판매 등에 대하여
저작자나 그 권리 승계인이 행사하는 권리

저작권이 보장되지 않으면
창작자는 자신의 권리를 잃을 뿐 아니라
창작 의욕까지 꺾여 버린다.

우리가 저작권을 지켜 주지 않으면
좋은 창작자의 작품을
더 이상 만날 수 없게 되는 것이다.

저작권은 스스로도 지키고
타인의 것도 지켜 주어야 하는
소중한 권리이다.

솔로몬 린다

솔로몬 린다(Solomon Linda, 1909~1962)는 영국의 식민지였던 남아프리카 공화국에서 태어난 가수이자 작사가, 작곡가 또 밴드의 리더였어요. 줄루 족 출신으로 어릴 땐 양치기 소년이었어요. 착하고 순수해서 영국인 아이들에게 무시를 당하고 놀림도 많이 받았지만 늘 밝고 긍정적인 성격이었어요. 그는 1931년 가수로 데뷔하지만 크게 성공하지는 못했어요. 그의 이름이 세상에 널리 알려진 것은 남아프리카 공화국 민요로 만든 아 카펠라 곡 '음부베(Mbube)' 덕분이었어요. 음부베는 줄루 족 말로 '사자'라는 뜻이에요. 하지만 그는 이 노래를 터무니없이 싼 가격에 팔고 매우 가난하게 살다 1962년에 세상을 떠났답니다.

올바른 저작권 사용에 대하여

저작권은 문학, 음악, 연극, 미술 작품에 대하여 저작자나 그 권리 승계인이 가지는 출판, 판매, 공연, 전시 등의 권리를 말해요. 글, 그림, 음악, 영화, 게임, 학술 등 창작물에는 모두 저작권이 있어요. 다른 사람이 그것을 사용하려고 할 경우 저작권자의 허락을 꼭 받아야 하며, 그에 대한 비용을 지불해야 해요. 예를 들어, 우리는 흔히 인터넷에 있는 정보를 선뜻 가져다 사용하고, 그것을 다른 곳에 올리기도 해요. 그런데 저작권을 올바로 지켜 사용하려면 다른 사람의 저작물을 인터넷 게시판이나 블로그, 홈피 등에 올릴 때 반드시 저작권자의 허락을 받거나 돈을 지불해야 해요. 과제를 할 때 사용하거나 글이나 그림을 그릴 때 사용하더라도 마찬가지예요.

우리나라의 경우, 출판물을 이용할 때는 작가가 죽은 뒤 70년까지 저작권료를 지불해야 하고 그 후에는 자유롭게 사용할 수 있어요. 미국과 유럽 연합(EU)도 우리와 같이 70년이고, 일본·중국·캐나다를 포함한 106개국은 50년이에요. 저작권 보호 기간이 가장 긴 나라는 멕시코로 100년을 보장하고 있어요.

솔로몬 린다와 저작권에 관한 이야기

'음부베, 음부베……'를 반복하는 솔로몬 린다의 노래 '음부베'. 이 노래는 세계 각국의 가수들이 리메이크해서 불렀고, 만화 영화 '라이온 킹' 등 13개 영화의 배경 음악으로 쓰였어요. 영어 가사로 '라이언 슬립스 투나잇(The Lion Sleeps Tonight)'이에요. 이처럼 세계적인 인기를 누린 음악을 만든 사람은 저작권료를 많이 받았을까요? 아니에요. 이 곡의 작곡자인 솔로몬 린다는 너무 가난하게 살다가 세상을 떠났어요. 그것은 계약을 잘못한 때문이에요.

린다가 '음부베'를 만들어 남아프리카 공화국 요하네스버그에서 순회 공연을 하고 있을 때 한 사업가가 그의 노래를 듣고 음반 제작을 제안했어요. 그리하여 1939년 '음부베'가 음반으로 나왔어요. 그 후 노래가 큰 인기를 끌자 음반 판매가 늘어나면서 이 멜로디는 세계로 퍼져 나갔어요. 하지만 저작권의 개념조차 몰랐던 린다는, 1952년에 한 달에 87센트(약 900원)를 받기로 하고 곡의 사용권을 넘겨주는 계약을 맺었어요. 솔로몬 린다에게는 자녀가 많았는데 옥수수 죽으로 주린 배를 달랠 정도로 평생 가난했어요. 솔로몬 린다가 세상을 떠났을 때, 그의 통장에는 겨우 22달러만 남아 있었대요.

그 후로도 글을 모르는 그의 부인과 딸은 노래 사용권을 넘긴다는 재계약을 맺게 돼요. 하지만 2000년 이 같은 음반사의 횡포가 미국의 유명한 음악 잡지인 〈롤링 스톤〉에 실리게 되고, 솔로몬 린다의 유족들은 소송을 제기했어요. 법원은 음반사에 1987년 이후에 대한 저작권료를 린다의 유족에게 제대로 지급하도록 판결했어요.

어린이 지식ⓔ

〈어린이 지식ⓔ〉 시리즈는 감동과 재미를 주는 EBS 『지식채널ⓔ』의 내용을 어린이의 눈높이와 초등학교 교과 과정에 맞춰 주제별로 재구성했습니다.

1. 생명과 환경

생명의 탄생과 흐름, 나와 가족, 공동체에 대한 다양한 주제들을 다루어 세상에 대한 바른 시선과 다양한 지식을 제공해 준다. '태어날 때 이미 3억의 경쟁자를 이긴 게 바로 나?', '안아 주는 것만으로 생명을 살릴 수 있다?', '베풀고 살면 몸이 건강해진다?', '햄버거 때문에 지구가 위험하다?', '평생 고기를 먹지 않은 사자가 있다?' 등의 재미있는 이야기를 통해 자존감을 높여 주고, 나와 가족과 사회를 생각하게 해 주고, 더불어 살아가는 지혜를 일깨워 준다.

값 12,000원 ISBN 979-11-86082-33-1(64300)

2. 경제의 이해

경제란 무엇인지 알게 해 주고, 어린이들이 올바른 경제관념을 갖도록 해 준다. 단순히 물건을 사고파는 일 외에도, 모든 일상의 활동이 경제와 어떻게 관련돼 있는지 흥미롭게 알려 준다. '2000만 마르크로 살 수 있던 게 고작 빵 한 덩이?', '물가의 마술에 걸려 오락내리락하는 돈의 가치?', '배도 그물도 없이 고기를 낚는 어부들이 있다?', '새 옷 한 벌 때문에 서재를 통째로 바꾸었다?', '먹을거리 3km 다이어트로 푸드 마일을 줄인다?' 등의 내용을 재미있게 알아볼 수 있다.

값 12,000원 ISBN 979-11-86082-34-8(64300)

3. 소중한 문화유산

우리 얼이 담긴 문화재, 나라를 위해 삶을 바친 위인들, 되새겨야 할 역사적 사건들을 담아 우리의 문화유산이 어떻게 지켜졌는지, 어떤 면에서 우수한지 알려 주며 문화적 자긍심을 키워 준다. '전 재산을 걸어 낡은 것들을 모은 바보가 있다?', '최초의 국어사전을 만들게 한 말모이 작전은 무엇?', '묻고 듣는 것이 세종대왕의 특별한 능력이라고?', '경부고속도로가 세운 세계적인 기록은?' 등의 해답을 찾아가는 사이 '왜', '어떻게' 우리 것들이 만들어지고 위기 속에서 이어져 왔는지 알 수 있을 것이다.

값 12,000원 ISBN 979-11-86082-35-5(64300)

4. 함께 사는 사회

전쟁과 자연재해, 기후 변화 등 국제 사회에서 벌어진 다양한 사건들을 다루며, 지구촌의 이웃과 더불어 살기 위해 무엇을 나눠야 할지 고민하게 한다. 또한 나눔을 실천하는 국제기구를 알아가면서 서로 도우며 살아가는 방법을 배울 수 있다. '가난한 환자를 직접 찾아가는 병원 열차가 있다?', '회색늑대가 사라진 숲이 왜 황폐해졌을까?', '의학 교육을 무료로 시켜 주는 나라가 있다?', '1069명의 아이를 구한 유모차 공수 작전이란?', '핵폐기물이 안전해지기까지 10만 년이 걸린다고?' 등의 답을 찾을 수 있다.

값 12,000원 ISBN 979-11-86082-36-2(64300)

5. 꿈과 진로

행복한 인생의 필수 요건인 꿈과 직업에 관한 이야기를 담아 자신의 꿈을 발견하고 이를 직업으로 실현시키기까지 어떤 과정을 거쳐야 하는지 알려 준다. 힘든 상황에서도 포기하지 않고 자신의 꿈을 현실로 만든 사람들의 이야기를 통해 바람직한 삶의 자세를 배울 수 있다. '거짓투성이 책의 작가가 빅토르 위고?', '사물의 몸과 마음으로 들어가는 신비한 능력?', '대학 중퇴자가 최고의 CEO가 될 수 있었던 비밀은?', '600년 전통 명문 학교의 주요 과목이 체육?' 등의 내용을 재미있게 만날 수 있다.

값 12,000원 ISBN 979-11-86082-37-9(64300)

'5분의 메시지'로 생각하는 힘을 기른다!

생각하는 힘을 키워 주는 『어린이 지식ⓔ』는
아이들에게 책 한 권의 지식을 넘어, 지혜를 자라나게 해 줍니다.

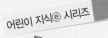

6. 역사와 인물

문명을 발전시킨 도구와 사회를 바꾼 사건과 인물들을 소개한다. 인류 문명의 발전을 가져온 재미난 이야기와 다양한 정보는 역사에 대한 흥미를 불러일으키고, 우리의 일상을 만들고 변화시켜 온 살아 있는 역사를 만나게 해 준다. '인류의 발전은 두 손에서 시작됐다?', '1582년 로마의 달력에서 열흘이 통째로 사라졌다?', '지구가 돈다는 사실을 증명해 낸 것이 교수의 장난감?', '18세기 사람들은 이슬이 나비가 된다고 믿었다?', '왜 나폴레옹은 자신을 그린 화가를 미워했을까?' 등의 궁금증을 풀 수 있다.
값 12,000원 ISBN 979-11-86082-38-6(64300)

7. 창의적 도전

세상을 새롭게 변화시킨 사람들의 새로운 발상과 상상력을 소개해, 어린이들의 창의적인 사고력을 키워 준다. 생각을 일깨워 주고, 바꿔 주고, 다르게 생각하도록 영감을 주는 이야기는 '사물을 어떻게 바라보고, 어떤 방식으로 생각할 것인가?'라는 것을 깊이 생각하게 한다. '청중들의 소음만으로 이루어진 음악이 있다?', '변기를 전시하면 예술 작품일까? 아닐까?', '꽃과 열매 그림이 멀리서 보면 사람 얼굴이라고?', '피카소가 한국 전쟁의 참상을 그린 이유는?' 등의 이야기를 만날 수 있다.
값 12,000원 ISBN 979-11-86082-39-3(64300)

8. 과학과 기술

과학과 기술이 어떻게 시작되고 발달해 왔는지에 대한 이야기가 실려 있다. 새로운 아이디어로 인류의 삶을 바꿔 놓은 발명 이야기를 통해 과학적인 잠재력을 깨우고, 과학에 대한 지식을 배우게 한다. '달의 뒤편으로 간 남자가 있었다?', '라이트 형제가 발명한 비행기 원리는 자전거에서 얻었다고?', '엘리베이터가 100층을 오르는 데 수만 년이 걸렸다고?', '혈액이 온몸을 한 바퀴 도는 데 1분밖에 안 걸린다고?', '깡패에게 돈을 빼앗긴 곳을 알려 주는 지도가 있다?' 등 흥미로운 정보가 가득하다.
값 12,000원 ISBN 979-11-86082-40-9(64300)

9. 자연과 생태계

생태계의 신비한 이야기를 통해 동식물의 생존 법칙과 인간이 자연과 공존하는 방법을 알려 준다. 깊이 있는 자연 탐구의 기회를 주는 것은 물론 소중한 자연을 지키고 보존해야 함을 깨닫게 한다. '식물도 화가 나면 공격한다고?', '달리기에서 타조가 치타를 앞지를 수 있을까?', '생명이 있는 곳 어디에나 있는 백색 결정체는 무엇일까?', '깊고 어두운 해저 2700m, 생존의 법칙은 무엇일까?', '다람쥐의 볼에 도토리 12알을 넣을 수 있다고?' 등의 의문을 풀 수 있다.
값 12,000원 ISBN 979-11-86082-41-6(64300)

10. 다양한 가치관

어떤 가치관을 가지고 세상을 살아가야 할지 생각해 볼 수 있는 이야기가 담겨 있다. '어떻게 살아야 한다.'라는 정의를 내려 주지는 않지만 올바른 가치관을 세우기 위해 꼭 필요한 분별력을 기를 수 있다. '미국의 시내 한복판에 북한을 소개하는 식당이 있다?', '20점 만점에 10점만 넘으면 원하는 대학에 갈 수 있는 나라는?', '나의 모든 이야기를 잘 들어 주는 컴퓨터가 있다?', '글짓기를 잘하는 사람은 글쓰기를 못한다?' 등의 재미있는 이야기를 만날 수 있다.
값 12,000원 ISBN 979-11-86082-42-3(64300)